KBS 한국어능력시험 **단기 완성**을 위한

해커스자격증 2**00% 활용법!**

KBS 한국어

해커스자격증(pass.Hacke... ... ... 로그인 ▶
상단 [KBS 한국어능력시험] 클릭 ▶ [**무료강의**] 클릭하여 이용하기

KBS 한국어능력시험 레벨 테스트

해커스자격증(pass.Hackers.com) 접속 후 로그인 ▶
상단 [KBS 한국어능력시험] 클릭 ▶ [**레벨 테스트**] 클릭하여 이용하기

KBS 한국어능력시험 합격후기

해커스자격증(pass.Hackers.com) 접속 후 로그인 ▶
상단 [KBS 한국어능력시험] 클릭 ▶ [**합격/수강후기**] 클릭 ▶
셀렉트 박스에서 [KBS 한국어능력시험] 선택 후 [**검색**] 버튼 클릭

선생님 1:1 질문/답변 서비스

해커스자격증(pass.Hackers.com) 접속 후 로그인 ▶
[**마이클래스**] 클릭 ▶ 강의 수강 ▶
강의창 하단 [**선생님께 질문**] 클릭하여 질문 서비스 이용

* 1:1 질문/답변 서비스는 수강생만 이용 가능합니다.

KBS 한국어능력시험 인강 10% 할인

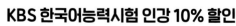
K4D230CKB63FC000

해커스자격증(pass.Hackers.com) 접속 후 로그인 ▶ 사이트 하단 또는 우측 [**쿠폰/수강권 등록**] 클릭 ▶
위 쿠폰번호 입력 시 쿠폰함에 자동 발급 ▶ 강의 결제 시 할인쿠폰 적용

* 쿠폰 이용 기한: 등록 후 7일 내 사용 가능
* 쿠폰은 1회에 한해 등록 및 사용이 가능하며, 추가 발급은 불가합니다.
* 이외 쿠폰 관련 문의는 해커스 고객센터(02-537-5000)로 문의하시기 바랍니다.

해커스
KBS
한국어능력시험
최 수 지
한 손에
쏙!
어휘·어법
핵심노트

해커스자격증

해커스
KBS 한국어능력시험
최수지 어휘·어법 핵심노트가
특별한 이유

01

핵심포인트 50개로 방대한 어휘·어법 완성!

시험에 반드시 나오지만
범위가 방대한 어휘·어법을
핵심포인트 50개로 정리해
중요 내용을 집중 학습할
수 있어요.

02

반복이 중요한 어휘·어법을 언제 어디서나 암기!

한 손에 들어오는 작은 크기로
매일 가볍게 들고 다니며
시험 직전까지 어휘·어법을
암기할 수 있어요.

03

**배경지식, 학습TIP으로
기초부터 탄탄하게
실력 향상!**

배경지식부터 관련 이론,
학습 비법까지 함께 제시해
개념을 완벽하게 이해하며
쉽고 재미있게 공부할 수 있어요.

04

**중요한 기출 이론을
단답형 문제로 풀어보며
실전까지 대비!**

기출되었던 이론을
단답형 문제로 풀어보며
제대로 학습했는지 점검하여
자연스럽게 실전까지
대비할 수 있어요.

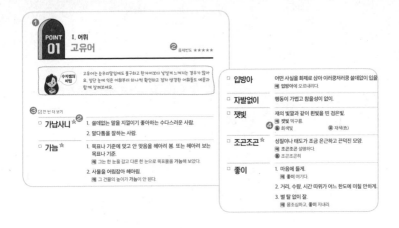

❶ 핵심포인트 01~50

시험에 꼭 나오는 핵심포인트 50개를 압축하여 얇지만 알차게 담아내 고득점에 필요한 개념만 집중 학습할 수 있어요.

❷ 출제빈도 ★~★★★★★, 빈출 ☆

포인트별 출제빈도와 빈출마크로 출제 경향을 한눈에 파악할 수 있어요.

❸ 한 번 더 보기

암기 체크 칸에 표시하며 잘 외워지지 않는 어휘는 한번 더 복습하여 완전히 내 것으로 만들 수 있어요.

❹ 추가 어휘

기출 어휘의 동의어(통), 유의어(유), 반의어(반)를 묶어서 한꺼번에 암기할 수 있어요.

⑤ 수지쌤의 비법

각 포인트별로 제시된 학습 비법을 통해 방대한 어휘·어법을 어떻게 공부해야 할지 쉽게 파악하고 학습할 수 있어요.

⑥ 이해쏙쏙 배경지식

이론과 관련된 배경지식을 통해 어휘·어법의 개념을 완벽하게 이해하며 기초부터 탄탄하게 공부할 수 있어요.

⑦ 수지쌤의 친절한 TIP

핵심 개념과 관련된 이론을 제시해 주어 함께 학습하면 좋은 내용까지 한 번에 효율적으로 학습할 수 있어요.

⑧ 기출로 바로 체크

중요한 기출 이론을 단답형 문제로 풀어보며 제대로 학습했는지 꼼꼼하게 점검하며 자연스럽게 실전까지 대비할 수 있어요.

차례

I. 어휘

핵심포인트 50개로
KBS 한국어능력시험
어휘·어법을
초단기 완성할 수 있어요.

II. 어법

I. 어휘

POINT 01~19

수지쌤의 비법

고유어는 순우리말임에도 불구하고 한자어보다 낯설게 느껴지는 경우가 많아요. 일단 눈에 익은 어휘부터 하나씩 확인하고 점차 생경한 어휘들도 예문과 함께 살펴보세요.

☑ 한 번 더 보기

가납사니 ☆
1. 쓸데없는 말을 지껄이기 좋아하는 수다스러운 사람.
2. 말다툼을 잘하는 사람.

가늠 ☆
1. 목표나 기준에 맞고 안 맞음을 헤아려 봄. 또는 헤아려 보는 목표나 기준.
   예 그는 한 눈을 감고 다른 한 눈으로 목표물을 **가늠**해 보았다.
2. 사물을 어림잡아 헤아림.
   예 그 건물의 높이가 **가늠**이 안 된다.

가뭇없이
1. 보이던 것이 전혀 보이지 않아 찾을 곳이 감감하게.
   예 밝고 따스하고 즐거운 봄 입김은 **가뭇없이** 사라지는 듯하다. ≪현진건, 적도≫
2. 눈에 띄지 않게 감쪽같이.

가탈 ☆
1. 일이 순조롭게 나아가는 것을 방해하는 조건.
   예 처음 하는 일이라 여기저기서 **가탈**이 많이 생긴다.
2. 이리저리 트집을 잡아 까다롭게 구는 일.
   예 **가탈**을 부리다.

갈마들다
서로 번갈아들다.
예 낮과 밤이 **갈마들다**.

갈무리 ☆
1. 물건 따위를 잘 정리하거나 간수함.
   ㈜ 저장(貯藏)
2. 일을 처리하여 마무리 함.
   예 옆 사람에게 일의 **갈무리**를 부탁했다.
   ㈜ 갈망

□ **개평**	노름이나 내기 따위에서 남이 가지게 된 몫에서 조금 얻어 가지는 공것. 예 담배를 **개평**으로 주다.
□ **걱세다**	1. 몸이 굳고 억세다. 예 그는 **걱센** 생김새와는 달리 마음씨는 매우 여린 사람이었다. 2. 성질이 굳고 무뚝뚝하다. 예 "뭘 어떻게 돼? 되긴!" 하고 눈을 지릅뜨는 그 대답은 썩 퉁명스럽고 **걱세다**. ≪김유정, 따라지≫
□ **걸터들이다**	이것저것 가리지 않고 휘몰아 들이다.
□ **겨를** ☆	어떤 일을 하다가 생각 따위를 다른 데로 돌릴 수 있는 시간적인 여유. 예 일거리가 쌓여 잠시도 쉴 **겨를**이 없다. ⑧ 틈
□ **고루**	1. 차이가 없이 엇비슷하거나 같게. 예 전국적으로 비가 **고루** 내렸다. 2. 두루 빼놓지 않고. 예 여러 가지 재능을 **고루** 갖추다.
□ **고명딸**	아들 많은 집의 외딸. 예 그녀는 **고명딸**로 태어났다.
□ **고삭부리**	1. 음식을 많이 먹지 못하는 사람. 2. 몸이 약하여서 늘 병치레를 하는 사람.
□ **고즈넉하다**	1. 고요하고 아늑하다. 예 **고즈넉한** 산사. 2. 말없이 다소곳하거나 잠잠하다.
□ **곰비임비**	물건이 거듭 쌓이거나 일이 계속 일어남을 나타내는 말. 예 경사스러운 일이 **곰비임비** 일어난다.
□ **곰삭다**	1. 옷 따위가 오래되어서 올이 삭고 질이 약해지다. 예 **곰삭아** 너덜너덜해진 옷. 2. 젓갈 따위가 오래되어서 푹 삭다. 예 새우젓은 **곰삭아야** 제맛이 난다.

☐ **눌어붙다**	1. 뜨거운 바닥에 조금 타서 붙다. 예 누룽지가 밥솥 바닥에 **눌어붙어** 떨어지지 않는다. 2. 한곳에 오래 있으면서 떠나지 아니하다. 예 그는 책상 앞에 한번 앉으면 몇 시간은 **눌어붙어** 있다.
☐ **늘비하다**	질서 없이 여기저기 많이 늘어서 있거나 놓여 있다. 예 마당에 **늘비하게** 서 있는 사람들.
☐ **늙수그레하다**	꽤 늙어 보이다. 예 그는 머리가 하얗고 주름이 있어 나이보다 **늙수그레하다**. 동 늙수레하다
☐ **늦깎이**	1. 나이가 많이 들어서 승려가 된 사람. 반 올깎이 2. 나이가 많이 들어서 어떤 일을 시작한 사람. 예 그는 **늦깎이** 교수로 불리었다. 3. 남보다 늦게 사리를 깨치는 일. 또는 그런 사람. 4. 과일이나 채소 따위가 늦게 익은 것. 예 **늦깎이** 채소가 저렴하다.
☐ **단출하다** ☆ 단촐하다(x)	1. 식구나 구성원이 많지 않아서 홀가분하다. 예 살림이 **단출하다**. 2. 일이나 차림차림이 간편하다. 예 식단이 **단출하다**.
☐ **덥썩**	1. 깊은 생각이 없이 무턱대고 행동하는 모양. 예 그녀는 생각 없이 **덥썩** 일을 저질렀다. 2. 서슴지 않고 단숨에 하는 모양. 예 물건을 **덥썩** 들어 올리다.
☐ **도드밟다**	오르막길 따위를 오를 때 발끝에 힘을 주어 밟다. 예 비탈길을 **도드밟아** 꼭대기에 오르니 시원한 바람이 우리를 맞는다.
☐ **들입다**	세차게 마구. 예 그는 목이 탔는지 물을 입에 **들입다** 부었다. 동 들이

☐ **뜨물**

곡식을 씻어 내 부옇게 된 물.
예 **뜨물** 한 바가지.
통 뜨물국

☐ **막놓다**

노름에서, 몇 판에 걸쳐서 잃은 돈의 액수를 합쳐서 한 번에 걸고 다시 내기를 하다.

☐ **만무방**

염치가 없이 막된 사람.

☐ **모지락스럽다**

보기에 억세고 모질다.

☐ **몽니**

받고자 하는 대우를 받지 못할 때 내는 심술.
예 **몽니**를 부리다.

☐ **무람없다**

예의를 지키지 않으며 삼가고 조심하는 것이 없다.
예 제 행동이 다소 버릇없고 **무람없더라도** 용서하십시오.

☐ **무지근하다**

1. 뒤가 잘 안 나와서 기분이 무겁다.
   예 아랫배가 **무지근하다**.

2. 머리가 띵하고 무겁거나 가슴, 팔다리 따위가 무엇에 눌리는 듯이 무겁다.

☐ **묵새기다**

1. 별로 하는 일 없이 한곳에서 오래 묵으며 날을 보내다.
   예 그는 고향에서 **묵새기며** 요양하고 있다.

2. 마음의 고충이나 흥분 따위를 애써 참으며 넘겨 버리다.
   예 슬픔을 **묵새기다**.

☐ **묵직하다**

1. 다소 큰 물건이 보기보다 제법 무겁다.
   예 **묵직한** 바구니.

2. 사람이 점잖고 무게가 있다.
   예 그분은 **묵직하고** 너그러운 인상을 지니셨다.

☐ **뭇별**

많은 별.
예 그는 밤하늘의 **뭇별**을 바라보며 과거를 회상하였다.
통 중성(衆星)

☐ **바득바득** ☆

1. 악지를 부려 자꾸 우기거나 조르는 모양.
   예 혼자만 **바득바득** 우기지 마라.

2. 악착스럽게 애쓰는 모양.

☐ **바투** ☆	1. 두 대상이나 물체의 사이가 썩 가깝게.	
	예 **바투** 다가앉다.	
	2. 시간이나 길이가 아주 짧게.	
	예 머리를 **바투** 깎다.	

☐ **살뜰하다** ☆
1. 일이나 살림을 매우 정성스럽고 규모 있게 하여 빈틈이 없다.
예 그 사람은 **살뜰하게** 일을 처리하기로 유명하다.
2. 사랑하고 위하는 마음이 자상하고 지극하다.
예 어머니의 자상한 마음에서 그 **살뜰함**을 느낄 수 있다.

☐ **서름하다**
1. 남과 가깝지 못하고 사이가 조금 서먹하다.
예 그 여학생과는 **서름한** 사이다.
2. 사물 따위에 익숙하지 못하고 서툴다.
예 나는 아직도 이 기계에 **서름하다**.

☐ **수더분하다** ☆
성질이 까다롭지 아니하여 순하고 무던하다.
예 **수더분하게** 생기다.

☐ **숱하다**
아주 많다.
예 **숱한** 고난.

☐ **스산하다**
1. 몹시 어수선하고 쓸쓸하다.
2. 날씨가 흐리고 으스스하다.
예 바람이 **스산하게** 분다.

☐ **슬기** ☆
사리를 바르게 판단하고 일을 잘 처리해 내는 재능.
예 조상의 **슬기**를 이어받다.
㈜ 지(知/智), 지혜(智慧/知慧)

☐ **실팍하다**
사람이나 물건 따위가 보기에 매우 실하다.
예 올가을 배추는 꽤나 **실팍하다**.

☐ **싹수** ☆
어떤 일이나 사람이 앞으로 잘될 것 같은 낌새나 징조.
예 그는 사업으로 성공할 **싹수**가 보인다.
㈜ 싹

☐ **아등바등**
무엇을 이루려고 애를 쓰거나 우겨 대는 모양.

☐ **알싸하다**
매운맛이나 독한 냄새 따위로 코 속이나 혀끝이 알알하다.
예 고추가 매워 혀끝이 **알싸하다**.

□ **알찐대다**	남의 비위를 맞추려고 가까이 붙어서 계속 아첨하다. ⑧ 알찐거리다
□ **어깃장**	짐짓 어기대는 행동. 예 판매자는 **어깃장**을 놓으며 막말을 쏟아 내기 시작했다.
□ **얼뜨다**	다부지지 못하여 어수룩하고 얼빠진 데가 있다. 예 솜씨가 **얼뜨다**.
□ **에다**	1. 칼 따위로 도려내듯 베다. 　예 가뜩이나 빈속은 칼로 **에는** 것처럼 쓰렸다. 2. 마음을 몹시 아프게 하다. 　예 갑자기 가슴을 **에는** 듯한 슬픔이 몰아쳤다.
□ **오지랖**	웃옷이나 윗도리에 입는 겉옷의 앞자락. 예 **오지랖**을 여미다.
□ **올망졸망**	1. 작고 또렷한 것들이 고르지 않게 많이 벌여 있는 모양. 　예 설익은 대추가 **올망졸망** 달려 있다. 2. 귀엽고 엇비슷한 아이들이 많이 있는 모양. 　예 아이들이 **올망졸망** 모여 앉아 소꿉놀이를 한다.
□ **옹골지다**	실속이 있게 속이 꽉 차 있다. 예 돈 버는 재미가 **옹골지다**.
□ **으늑하다**	1. 푸근하게 감싸인 듯 편안하고 조용한 느낌이 있다. 　예 **으늑한** 분위기. 2. 조용하고 깊숙하다. 　예 **으늑한** 산골짜기.
□ **이드거니**	충분한 분량으로 만족스러운 모양. 예 바쁜 일정 때문에 부족했던 저녁 식사를 모처럼 **이드거니** 먹었다.
□ **이엉**	초가집의 지붕이나 담을 이기 위하여 짚이나 새 따위로 엮은 물건. 예 **이엉**을 얹다. ⑧ 개초(蓋草), 이엉초(草)

I. 어휘

에듀스 KBS 한국어능력시험 최수지 어휘·어법 핵심노트

□ **이울다**

1. 꽃이나 잎이 시들다.
   예 꽃이 **이울다**.

2. 점점 쇠약하여지다.
   예 국운이 **이울다**.

3. 해나 달의 빛이 약해지거나 스러지다.
   예 **이운** 달빛.

□ **일구다**

1. 논밭을 만들기 위하여 땅을 파서 일으키다.
   예 농토를 **일구다**.
   유 기경(起耕)하다

2. 두더지 따위가 땅을 쑤시어 흙이 솟게 하다.
   예 저것은 두더지가 땅을 **일군** 흔적입니다.

□ **일껏**

모처럼 애써서.
예 그는 **일껏** 마련한 좋은 기회를 놓쳤다.

□ **입방아**

어떤 사실을 화제로 삼아 이러쿵저러쿵 쓸데없이 입을 놀리는 일.
예 **입방아**에 오르내리다.

□ **자발없이**

행동이 가볍고 참을성이 없이.

□ **잿빛**

재의 빛깔과 같이 흰빛을 띤 검은빛.
예 **잿빛** 먹구름.
동 회색빛   유 재색(色)

□ **조곤조곤** ☆

성질이나 태도가 조금 은근하고 끈덕진 모양.
예 **조곤조곤** 설명하다.
동 조곤조곤히

□ **좋이**

1. 마음에 들게.
   예 **좋이** 여기다.

2. 거리, 수량, 시간 따위가 어느 한도에 미칠 만하게.

3. 별 탈 없이 잘.
   예 몸조심하고, **좋이** 지내라.

□ **즐비하다**

빗살처럼 줄지어 빽빽하게 늘어서 있다.
예 지금 그곳은 고층 아파트들이 **즐비하게** 들어섰다.

□ **지레** ☆	어떤 일이 일어나기 전 또는 어떤 기회나 때가 무르익기 전에 미리. 예 **지레** 겁을 먹다.
□ **지르밟다**	위에서 내리눌러 밟다.
□ **지청구**	1. 아랫사람의 잘못을 꾸짖는 말. 동 꾸지람 2. 까닭 없이 남을 탓하고 원망함. 예 그는 일이 잘 풀리지 않을 때면 애꿎은 주변 사람들에게 **지청구**를 늘어놓았다.
□ **짐짓** ☆	1. 마음으로는 그렇지 않으나 일부러 그렇게. 예 **짐짓** 모른 체하다. 2. 아닌 게 아니라 정말로. 주로 생각과 실제가 같음을 확인할 때에 쓴다. 예 먹어 보니, **짐짓** 기가 막힌 음식이더라. 동 과연
□ **청승맞다**	궁상스럽고 처량하여 보기에 몹시 언짢다. 예 **청승맞은** 울음소리.
□ **추레하다** ☆	1. 겉모양이 깨끗하지 못하고 생기가 없다. 예 옷차림은 영 **추레한** 것이 부잣집 아들처럼 보이지는 않는다. 2. 태도 따위가 너절하고 고상하지 못하다.
□ **톺다**	가파른 곳을 오르려고 매우 힘들여 더듬다.
□ **트레바리**	이유 없이 남의 말에 반대하기를 좋아함. 또는 그런 성격을 지닌 사람.
□ **해읍스름하다**	산뜻하지 못하게 조금 하얗다. 동 해읍스레하다
□ **해찰**	일에는 마음을 두지 아니하고 쓸데없이 다른 짓을 함. 예 조선어 시간에 아이들이 **해찰**을 부리거나, 또는 열심치 않는 아이가 있든지 한다 치면…. ≪채만식, 소년은 자란다≫
□ **허릅숭이**	일을 실답게 하지 못하는 사람을 낮잡아 이르는 말.

허섭스레기	좋은 것이 빠지고 난 뒤에 남은 허름한 물건. 예 이삿짐을 싸고 남은 **허섭스레기**. 동 허접쓰레기
허투루 ☆	아무렇게나 되는대로. 예 손님을 **허투루** 대접하다.
헤살	일을 짓궂게 훼방함. 또는 그런 짓. 예 그는 **헤살**을 부렸다.
화수분	재물이 계속 나오는 보물단지. 그 안에 온갖 물건을 담아 두면 끝없이 새끼를 쳐 그 내용물이 줄어들지 않는다는 설화상의 단지를 이른다.
훑다	붙어 있는 것을 떼기 위하여 다른 물건의 틈에 끼워 죽 잡아당기다. 예 벼를 **훑다**.
휘뚜루마뚜루	이것저것 가리지 아니하고 닥치는 대로 마구 해치우는 모양.

🗲 기출로 바로 체크

다음 뜻풀이에 해당하는 고유어를 쓰시오.

01 아무렇게나 되는대로.	[	]	2번 출제
02 일을 처리하여 마무리함.	[	]	3번 출제
03 일이나 차림차림이 간편하다.	[	]	3번 출제
04 마음으로는 그렇지 않으나 일부러 그렇게.	[	]	3번 출제
05 어떤 일을 하다가 생각 따위를 다른 데로 돌릴 수 있는 시간적인 여유. [		]	4번 출제

정답 | **01** 허투루　**02** 갈무리　**03** 단출하다　**04** 짐짓　**05** 겨를

수지쌤의 비법

한자어의 사전적 의미나 문맥상 적절한 한자어를 묻는 문제는 매회 출제됩니다. 다만, 최근에는 '한자'를 직접 묻는 문제의 비중은 줄고 있으니, 정확한 한자 표기에 대한 부담은 내려놓고 어휘를 공부하는 느낌으로 접근해 주세요.

☑ 한 번 더 보기

□ **間隙** 간극
사이 간/틈 극

1. 사물 사이의 틈.
   예 **간극**을 메우다.

2. 시간 사이의 틈.
   예 한 주일 동안의 **간극**.

3. 두 가지 사건, 두 가지 현상 사이의 틈.
   예 말하기와 글쓰기의 **간극**을 좁히기란 쉽지 않은 일이다.

□ **醵出** 갹출
술잔치 갹/날 출

같은 목적을 위하여 여러 사람이 돈을 나누어 냄.
예 행사 비용 **갹출**.
(동) 거출(醵出)   (유) 갹금(醵金)

□ **檢診** 검진
검사할 검/볼 진

건강 상태와 질병의 유무를 알아보기 위하여 증상이나 상태를 살피는 일.
예 병원에서 **검진**을 받다.

□ **決裁** 결재
결정할 결/마를 재

결정할 권한이 있는 상관이 부하가 제출한 안건을 검토하여 허가하거나 승인함.
예 **결재** 서류.

□ **關鍵** 관건 ☆
빗장 관/열쇠 건

1. 문빗장과 자물쇠를 아울러 이르는 말.

2. 어떤 사물이나 문제 해결의 가장 중요한 부분.
   예 문제 해결의 **관건**을 쥐다.

□ **膠着** 교착 ☆
갖풀 교/붙을 착

1. 아주 단단히 달라붙음.

2. 어떤 상태가 굳어 조금도 변동이나 진전이 없이 머묾.
   예 회담이 **교착** 상태에 빠지다.

□ **構築 구축** ☆
얽을 구/쌓을 축

1. 어떤 시설물을 쌓아 올려 만듦.
　예 방공호 **구축**.

2. 체제, 체계 따위의 기초를 닦아 세움.
　예 통신망 **구축**.

□ **踏襲 답습**
밟을 답/엄습할 습

예로부터 해 오던 방식이나 수법을 좇아 그대로 행함.
　예 전통의 계승과 **답습**을 혼동해서는 안 된다.
　통 답답(襲踏)　　　　　　　유 도습(蹈襲), 연습(沿襲), 인습(因襲)

□ **拔群 발군** ☆
뺄 발/무리 군

여럿 가운데에서 특별히 뛰어남.
　예 **발군**의 성적.
　통 발류(拔類), 발췌(拔萃)　　유 불군(不群), 일군(逸群)

□ **傍觀 방관**
곁 방/볼 관

어떤 일에 직접 나서서 관여하지 않고 곁에서 보기만 함.
　예 남의 집 불구경하듯 팔짱 끼고 **방관**만 할 셈이냐?
　통 방관시(傍觀視)　　　　　　유 방치(放置), 좌관(坐觀), 좌시(坐視)

□ **白眉 백미** ☆
흰 백/눈썹 미

흰 눈썹이라는 뜻으로, 여럿 가운데에서 가장 뛰어난 사람이나
훌륭한 물건을 비유적으로 이르는 말.
　예 춘향전은 한국 고전 문학의 **백미**이다.

□ **相殺 상쇄**
서로 상/감할 쇄

상반되는 것이 서로 영향을 주어 효과가 없어지는 일.

□ **時宜 시의**
때 시/마땅할 의

그 당시의 사정에 알맞음. 또는 그런 요구.
　예 **시의**에 따르다.
　통 시중(時中)　　　　　　　유 기의(機宜)

□ **樣相 양상**
모양 양/서로 상

사물이나 현상의 모양이나 상태.
　예 소설의 시대별 **양상**.
　통 양(樣)

□ **玉石 옥석**
구슬 옥/돌 석

1. 옥이 들어 있는 돌. 또는 가공하지 아니한 천연의 옥.
　통 옥(玉)돌

2. 옥과 돌이라는 뜻으로, 좋은 것과 나쁜 것을 아울러 이르는 말.
　예 **옥석**을 가리다.

□ **前途** 전도

앞 전/길 도

1. 앞으로 나아갈 길.
   예 장사를 시작하면서 **전도**에 행운을 빌었다.
   윤 앞날

2. 앞으로의 가능성이나 전망.
   예 **전도**가 밝다.
   동 장래(將來)

□ **全治** 전치 ☆

온전할 전/다스릴 치

병을 완전히 고침.
예 **전치** 4주의 중상을 입다.
윤 완치(完治)

□ **提高** 제고

끌 제/높을 고

수준이나 정도 따위를 끌어올림.
예 생산성의 **제고**.

□ **主宰** 주재 ☆

주인 주/재상 재

어떤 일을 중심이 되어 맡아 처리함.
예 국무총리 **주재**로 가뭄 대책 회의를 열었다.

□ **指彈** 지탄

가리킬 지/탄알 탄

1. 손끝으로 튀김.

2. 잘못을 지적하여 비난함.
   예 국민으로부터 **지탄**을 받다.

□ **徵集** 징집

부를 징/모을 집

1. 물건을 거두어 모음.

2. 병역 의무자를 현역에 복무할 의무를 부과하여 불러 모음.
   예 **징집** 대상자.

□ ①**澎湃**/②**彭湃** 팽배

① 물소리 팽/물소리 배
② 성 팽/물소리 배

어떤 기세나 사조 따위가 매우 거세게 일어남.
예 기대 심리의 **팽배**.

□ **便覽** 편람

편할 편/볼 람

보기에 편리하도록 간추린 책.
예 행정 실무 **편람**.

□ **便乘** 편승

편할 편/탈 승

1. 남이 타고 가는 차편을 얻어 탐.

2. 편선(便船)을 탐.

3. 세태나 남의 세력을 이용하여 자신의 이익을 거둠을 비유적으로 이르는 말.
   예 권력에 **편승**하다.

☐ **編綴** 편철 엮을 편/이을 철	통신·문건·신문 따위를 정리하여 짜서 철하거나 결음. 예 문서를 **편철**하다.
☐ **解囑** 해촉 풀 해/부탁할 촉	위촉했던 직책이나 자리에서 물러나게 함. 예 규정을 어겼다는 이유로 **해촉** 통보를 받다.
☐ **膾炙** 회자 ☆ 회 회/구울 자	회와 구운 고기라는 뜻으로, 칭찬을 받으며 사람의 입에 자주 오르내림을 이르는 말. 예 그 사람의 이야기는 자주 **회자**되곤 한다.
☐ **詰難** 힐난 꾸짖을 힐/어려울 난	트집을 잡아 거북할 만큼 따지고 듦.

⚡ 기출로 바로 체크

다음 뜻풀이에 해당하는 한자어를 <보기>에서 골라 쓰시오.

〈보기〉
관건(關鍵), 발군(拔群), 전치(全治), 주재(主宰), 회자(膾炙)

01 병을 완전히 고침.　　　　　　　　　　　　　　　[　　　　] 2번 출제
02 여럿 가운데에서 특별히 뛰어남.　　　　　　　　　[　　　　] 2번 출제
03 어떤 일을 중심이 되어 맡아 처리함.　　　　　　　[　　　　] 2번 출제
04 어떤 사물이나 문제 해결의 가장 중요한 부분.　　　[　　　　] 2번 출제
05 칭찬을 받으며 사람의 입에 자주 오르내림을 이르는 말.　[　　　　] 3번 출제

정답 | **01** 전치(全治)　**02** 발군(拔群)　**03** 주재(主宰)　**04** 관건(關鍵)　**05** 회자(膾炙)

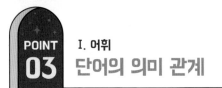

단어의 의미 관계

출제빈도 ★★★★★

> **수지쌤의 비법**
>
> 일상에서는 단어를 사전적 혹은 문맥적 의미로 쓰기 때문에 단어 간의 의미 관계를 생각해 볼 기회가 많지 않지요. 따라서 쉬운 단어가 출제돼도 혼동하여 오답을 고를 수 있으니 단어 의미 관계를 유의해서 확인해 두어야 합니다.

1 유의 관계

두 개 이상의 단어가 소리는 다르나 의미가 비슷한 관계

구분			유의어
1	깨닫다	≒	알아내다, 터득하다, 각지(覺知)하다, 알다, 알아차리다, 인식(認識)하다, 각성(覺醒)하다, 자각(自覺)하다
2	꼿꼿하다	≒	곧다, 바르다, 교연(撟然)하다
3	뚜렷하다	≒	선명하다, 선연(鮮然)하다, 역연(歷然)하다, 역력(歷歷)하다
4	말[言]	≒	언어(言語), 말씨, 언사(言辭), 언구(言句), 어사(語辭), 소문(所聞), 이야기, 회화(會話), 대화(對話)
5	바쁘다	≒	분주(奔走)하다, 정신(精神)없다, 다망(多忙)하다, 경황(景況)없다, 급(急)하다, 조급(早急)하다
6	싫어하다	≒	혐오(嫌惡)하다, 미워하다, 불호(不好)하다, 꺼리다, 기피(忌避)하다
7	조용하다	≒	고요하다, 잠잠(潛潛)하다, 얌전하다, 자늑자늑하다, 심한(深閑)하다, 한적(閑寂)하다
8	죽다	≒	숨지다, 눈감다, 사망(死亡)하다, 절명(絶命)하다, 영면(永眠)하다, 별세(別世)하다, 작고(作故)하다, 타계(他界)하다, 운명(殞命)하다
9	즐겁다	≒	유쾌(愉快)하다, 기쁘다
10	가치(價値)	≒	값, 값어치
11	독특(獨特)하다	≒	특이(特異)하다, 유(類)다르다, 각별(各別)하다, 특별(特別)하다, 특출(特出)하다
12	부족(不足)하다	≒	초름하다

13	분노(憤怒)	≒	부아, 격노(激怒)
14	분배(分配)하다	≒	노느다, 벼르다
15	분(憤)하다	≒	원통(冤痛)하다, 억울(抑鬱)하다, 안타깝다, 아깝다
16	선생(先生)	≒	교사(教師), 교원(教員), 교수(教授), 교육자(教育者), 교직자(教職者), 스승, 사군(師君), 사부(師傅), 사범(師範)
17	순박(淳朴)하다	≒	순진(純眞)하다, 소박(素朴)하다, 질박(質朴)하다
18	오침(午寢)	≒	낮잠, 오수(午睡)
19	중개(仲介)	≒	주선(周旋), 거간(居間)
20	지금(只今)	≒	이제, 현재(現在), 금방(今方), 금시(今時), 당금(當今), 현시(現時)
21	추측(推測)	≒	어림
22	췌언(贅言)	≒	군말
23	표현(表現)하다	≒	나타내다, 표출(表出)하다
24	허다(許多)하다	≒	수(數)많다, 수두룩하다
25	허언(虛言)	≒	빈말

🌸 수지쌤의 친절한 TIP

우리말에서 유의어가 발달한 이유

1. 고유어, 한자어, 외래어가 공존하고 있다.
   예 머리-모발-헤어, 잔치-연회-파티
2. 높임법이 발달하였다.
   예 너-자네-당신-댁-제군
3. 감각어가 발달하였다.
   예 노랗다, 누렇다, 노르스름하다, 노릇하다, 노리끼리하다
4. 정책적으로 순화어를 만들어 내었다.
   예 세모꼴-삼각형, 쪽-페이지
5. 금기어 때문에 생기기도 하였다.
   예 감옥-형무소

2 반의 관계

둘 이상의 단어가 의미상 대립하는 짝을 이루는 관계

구분	반의어		구분	반의어	
1	마디다	↔ 헤프다	18	눌변(訥辯) ☆	↔ 능변(能辯), 달변(達辯)
2	잦다	↔ 드물다	19	대별(大別)	↔ 소별(小別)
3	강등(降等)	↔ 승격(昇格), 승진(昇進/陞進)	20	막연(漠然)	↔ 명확(明確)
4	경직(硬直)	↔ 유연(柔軟), 이완(弛緩)	21	미명(未明)	↔ 황혼(黃昏)
5	고상(高尙)	↔ 천박(淺薄)	22	발송(發送)	↔ 수취(受取)
6	고의(故意)	↔ 과실(過失)	23	방출(放出)	↔ 흡수(吸收)
7	곡필(曲筆)	↔ 직필(直筆)	24	배제(排除)	↔ 포함(包含)
8	과격(過激)	↔ 온건(穩健)	25	보편(普遍)	↔ 특수(特殊)
9	과작(寡作)	↔ 다작(多作)	26	빈약(貧弱)	↔ 충실(充實)
10	굴착(掘鑿)	↔ 매립(埋立)	27	분주(奔走)	↔ 한가(閑暇)
11	기립(起立)	↔ 착석(着席)	28	소원(疏遠)	↔ 친밀(親密)
12	기상(起牀)	↔ 취침(就寢)	29	순산(順産)	↔ 난산(難産)
13	기정(旣定)	↔ 미정(未定)	30	습득(拾得)	↔ 유실(遺失)
14	낙성(落成)	↔ 착공(着工)	31	야만(野蠻)	↔ 문명(文明)
15	낙천(樂天)	↔ 염세(厭世)	32	영겁(永劫)	↔ 찰나(刹那)
16	낭보(郞報)	↔ 비보(悲報)	33	좌천(左遷)	↔ 영전(榮轉)
17	노련(老鍊)	↔ 미숙(未熟)	-	–	–

해커스 KBS 한국어능력시험 최수지 어휘·어법 핵심노트

이해쏙쏙 배경지식

반의어의 특성 및 종류

1. 반의어의 특성
   ① 반의어는 둘 사이에 공통적인 의미 요소가 있으면서도 한 개의 의미 요소만 달라야 한다.
   　예 총각 ↔ 처녀: 총각[사람, 성인, 미혼, 남성], 처녀[사람, 성인, 미혼, 여성]
   ② 반의어는 한 쌍으로 존재하기도 하고, 한 단어에 여러 개의 반의어가 존재하는 경우도 있다.
   　예 어떤 단어가 다의어이면 그에 따라 반의어가 달라질 수도 있다.

단어	의미	반의어
서다	일어나다	앉다
	(기계 등이) 멈추다	작동하다
	(체면이) 서다	깎이다
	(날이) 서다	무디다

2. 반의어의 종류
   ① 상보 반의: 의미 영역에 서로 배타적인 영역을 가지는 반의어
   　예 남자 ↔ 여자, 죽음 ↔ 삶
   ② 정도 반의: 정도성을 가지는 척도에서 대립하는 반의어
   　예 뜨겁다 ↔ 차갑다, 길다 ↔ 짧다, 빠르다 ↔ 느리다
   ③ 방향 반의: 대립 쌍을 이루는 단어들이 의미상 방향의 대칭을 이루는 반의어
   　예 앞 ↔ 뒤, 가다 ↔ 오다, 시상 ↔ 수상

3 상하 관계

단어의 의미적 계층 구조에서 한쪽이 다른 쪽을 포함하거나 다른 쪽에 포함되는 관계

구분			상의어 ⊃ 하의어
1	가구	⊃	장롱, 책상, 의자, 침대
2	과학	⊃	물리학, 화학, 생물학
3	구름 ☆	⊃	권운, 층운, 적란운, 적운
4	국경일 ☆	⊃	삼일절, 개천절, 한글날
5	문구	⊃	칼, 가위, 자, 연필, 지우개
6	보석	⊃	다이아몬드, 진주, 사파이어, 루비
7	사군자	⊃	매화, 난초, 국화, 대나무

8	수사법	⊃	과장법, 반복법, 점층법, 설의법, 돈호법, 대구법, 직유법, 은유법, 영탄법, 대유법
9	예술 ✰	⊃	문학, 음악, 미술, 영화, 연극
10	음악	⊃	국악, 양악, 관악, 현악, 기악, 성악, 현대 음악, 고전 음악
11	조류	⊃	비둘기, 까마귀, 참새, 닭
12	품사 ✰	⊃	명사, 대명사, 수사, 형용사, 동사, 관형사, 부사, 조사, 감탄사
13	현악기 ✰	⊃	바이올린, 비올라, 첼로, 콘트라베이스

🌸 수지쌤의 친절한 TIP

상하 관계에 있는 단어들

하의어는 그 의미가 개별적·구체적이기 때문에 포괄적·추상적 의미를 지닌 상의어에 비해서 의미가 자세해요. 그러나 어디까지나 상의어와 하의어의 구분은 상대적이기 때문에 별도의 상의어나 하의어가 따로 정해져 있지는 않습니다.

⚡ 기출로 바로 체크

다음 설명 중 적절한 것은 ○, 적절하지 않은 것은 × 표시하시오.

01 '눌변(訥辯)'은 '달변(達辯)'의 유의어이다. (○, ×) 2번 출제

02 '구름·적란운'은 상하 관계로, '적란운'은 '구름'의 하의어이다. (○, ×) 2번 출제

03 '뜨겁다:차갑다'는 정도성을 가지는 척도에서 대립하는 상보 반의어이다. (○, ×) 1번 출제

정답 | **01** ×, 반의어 **02** ○ **03** ×, 정도 반의어

POINT 04

I. 어휘
고유어 동음이의어

출제빈도 ★★★★

수지쌤의 비법

동음이의어는 철자가 같을 뿐 전혀 다른 단어예요. 그런데 고유어 동음이의어는 단어 간의 의미가 유사한 경우가 있어 이들의 의미 관계를 혼동하기 쉬우므로 반드시 예문 중심으로 각 의미를 확인해 가며 공부해 주세요.

1 갈다¹-갈다²-갈다³

갈다¹	이미 있는 사물을 다른 것으로 바꾸다. 예 고장 난 전등을 빼고 새것으로 **갈아** 끼웠다.
갈다²	날카롭게 날을 세우거나 표면을 매끄럽게 하기 위하여 다른 물건에 대고 문지르다. 예 기계로 칼을 **갈다**.
갈다³	쟁기나 트랙터 따위의 농기구나 농기계로 땅을 파서 뒤집다.

2 깨다¹-깨다²

깨다¹	1. 술기운 따위가 사라지고 온전한 정신 상태로 돌아오다.
	  예 마취에서 **깨다**.
	2. 생각이나 지혜 따위가 사리를 가릴 수 있게 되다.
	  예 늘 의식이 **깬** 사람이 되어야 한다.
	3. 잠, 꿈 따위에서 벗어나다. 또는 벗어나게 하다.
	  예 하늘이 무너질 듯 요란한 소리에 그만 잠을 **깼다**.

깨다²	단단한 물체를 쳐서 조각이 나게 하다. 예 그릇을 **깨다**.

3 두루치기¹-두루치기²

두루치기¹	1. 한 가지 물건을 여기저기 두루 씀. 또는 그런 물건. 　예 경운기 한 대를 동네 사람들이 **두루치기**로 몰고 다녔다. 2. 두루 미치거나 두루 해당함. 　예 학생들을 **두루치기**로 나무랐지만 실상은 모임에 빠진 학생에게 들으라고 한 말이었다. 3. 한 사람이 여러 방면에 능통함. 또는 그런 사람. 　예 그는 농사, 운동, 집안 살림 등 못하는 것 없는 **두루치기**다.
두루치기²	쇠고기나 돼지고기 또는 조갯살이나 낙지 따위를 잘게 썰어 넣고 콩나물, 버섯, 박고지 등과 함께 볶다가 양념한 국물을 조금 부어 끓여 낸 음식.

4 차다¹-차다⁴ ☆

차다¹	1. 일정한 공간에 사람, 사물, 냄새 따위가 더 들어갈 수 없이 가득하게 되다. 　예 독에 물이 가득 **차다**. 2. 감정이나 기운 따위가 가득하게 되다. 　예 그녀는 실의에 **차** 있었다. 3. 어떤 높이나 한도에 이르는 상태가 되다. 　예 말이 목구멍까지 **차** 있다. 4. 정한 수량, 나이, 기간 따위가 다 되다. 　예 마감일이 꽉 **차** 과제를 제출했다. 5. 이지러진 데가 없이 달이 아주 온전하게 되다. 　예 달이 꽉 **찼다**.
차다⁴	1. 몸에 닿은 물체나 대기의 온도가 낮다. 　예 바람이 **차다**. 2. 인정이 없고 쌀쌀하다. 　예 그녀는 성격이 **찬** 편이다.

들다¹	1. 밖에서 속이나 안으로 향해 가거나 오거나 하다. 예 사랑에 **들다**. 2. 빛, 볕, 물 따위가 안으로 들어오다. 예 이 방에는 볕이 잘 **든다**. 3. 수면을 취하기 위한 장소에 가거나 오다. 예 그는 자리에 **들어서도** 책을 보았다. 4. 물감, 색깔, 물기, 소금기가 스미거나 배다. 예 산에 단풍이 곱게 **들었다**. 5. 어떤 범위나 기준, 또는 일정한 기간 안에 속하거나 포함되다. 예 전교에서 10등 안에 **들었다**. 6. 안에 담기거나 그 일부를 이루다. 예 케이크 속에 **든** 초콜릿. 7. 어떤 물건이나 사람이 좋게 받아들여지다. 예 눈에 **드는** 물건. 8. 과일, 음식의 맛 따위가 익어서 알맞게 되다. 예 수박에 맛이 **들었다**.
들다³	날이 날카로워 물건이 잘 베어지다. 예 식도가 잘 **들어** 과일이 잘 깎인다.
들다⁴	1. 아래에 있는 것을 위로 올리다. 예 강아지가 앞발을 **든다**. 2. 설명하거나 증명하기 위하여 사실을 가져다 대다. 예 예를 **들어** 볼게.

🖋 기출로 바로 체크

다음 설명 중 적절한 것은 ○, 적절하지 않은 것은 × 표시하시오.

01 '칼이 잘 들다'와 '천에 노란 물이 들었다'의 '들다'는 동음이의어이다. (○, ×) 6번 출제
02 '슬픔에 찬 얼굴이다'와 '비행기에 승객이 가득 찬다'의 '차다'는 동음이의어이다. (○, ×)
2번 출제

정답 ┃ 01 ○ **02** ×, 다의어

수지쌤의 비법 한자어 동음이의어는 한자 표기를 정확히 알아야 하기 때문에 완벽한 암기는 어려워요. 따라서 음이 같은 한자 중에서 아는 부수가 있는지 등을 먼저 확인하고, 한자를 모르더라도 예문을 통해 각각의 맥락을 익혀 둬야 하겠습니다.

1 가장(假葬, 假裝, 家長)

가장(假葬)	1. 임시로 잠사 지냄. 또는 그 장사. 2. 어린아이의 시체를 묻음. 3. 시체를 되는대로 대강 또는 임시로 묻음.
가장(假裝)	1. 태도를 거짓으로 꾸밈. 예 그는 우연을 **가장**하여 나에게 접근했다. 2. 얼굴이나 몸차림 따위를 알아보지 못하게 바꾸어 꾸밈. 예 그는 형사로 **가장**하여 사건 현장에 침입했다.
가장(家長)	1. 한 가정을 이끌어 나가는 사람. 예 아버지가 돌아가셨으니 이제 네가 **가장**이다. 2. '남편'을 달리 이르는 말.

2 감사(感謝, 監事, 監査)

감사(感謝)	1. 고마움을 나타내는 인사. 예 **감사** 편지. 2. 고맙게 여김. 또는 그런 마음. 예 **감사**의 뜻을 표하다.
감사(監事)	1. 단체의 서무를 맡아보는 직책. 또는 그 직책에 있는 사람. 2. 법인의 재산이나 업무를 감사하는 상설 기관. 또는 그런 사람. 3. 선사에서, 주지를 대신하여 절의 재산을 맡아보는 승직.
감사(監査)	감독하고 검사함. 예 사무 운영에 관한 **감사**가 있다.

3 고수(固守, 高手, 鼓手) ☆

고수(固守)	차지한 물건이나 형세 따위를 굳게 지킴. 예 강경 노선 **고수**.
고수(高手)	1. 바둑이나 장기 따위에서 수가 높음. 또는 그런 사람. 예 정석을 배우되 정석을 버리지 않고서는 진정한 바둑의 **고수**가 될 수 없다. 2. 어떤 분야나 집단에서 기술이나 능력이 매우 뛰어난 사람.
고수(鼓手)	북이나 장구 따위를 치는 사람. 예 북채를 든 **고수**.

4 공포(公布, 恐怖, 空砲)

공포(公布)	1. 일반 대중에게 널리 알림. 2. 이미 확정된 법률, 조약, 명령 따위를 일반 국민에게 널리 알리는 일. 관보(官報) 따위의 정부의 정기 간행물에 게재하여 알린다. 예 어린이 보호구역 설치에 관한 법률이 오늘 **공포**되었다.
공포(恐怖)	두렵고 무서움. 예 **공포**와 싸우다.
공포(空砲)	1. 실탄을 넣지 않고 소리만 나게 하는 총질. 2. 대상을 위협하기 위하여 실탄을 넣고 공중이나 다른 곳을 향하여 하는 총질. 예 경찰은 범인에게 경고하기 위해 **공포**를 쏘았다.

5 교정(校庭, 校正, 矯正)

교정(校庭)	학교의 마당이나 운동장. 예 친구들과 **교정**을 뛰놀며 우정을 쌓았다.
교정(校正)	교정쇄와 원고를 대조하여 오자, 오식, 배열, 색 따위를 바르게 고침. 예 이 원고는 **교정**이 필요하다.
교정(矯正)	1. 틀어지거나 잘못된 것을 바로잡음. 예 척추 **교정**. 2. 교도소나 소년원 따위에서 재소자의 잘못된 품성이나 행동을 바로잡음. 예 갱생을 위한 **교정** 프로그램.

6 동기(動機, 同期, 同氣) ☆

동기(動機)	어떤 일이나 행동을 일으키게 하는 계기. 예 범행의 **동기**.
동기(同期)	1. 같은 시기. 또는 같은 기간. 　예 6월 중 수출 실적은 전년 **동기** 대비 32.5%가 증가했다. 2. 학교나 훈련소 따위에서의 같은 기(期). 　예 입사 **동기**. 3. 같은 시기에 같은 곳에서 교육이나 강습을 함께 받은 사람. 　예 대학 **동기**인 그와 나는 노년에 접어든 지금까지도 절친한 사이이다.
동기(同氣)	형제와 자매, 남매를 통틀어 이르는 말. 예 **동기**끼리 사이좋게 지내다.

7 매수(枚數, 買受, 買收)

매수(枚數)	종이나 유리 따위의 장으로 셀 수 있는 물건의 수효. 예 원고 **매수**를 세어 보아라.
매수(買受)	물건을 사서 넘겨받음.
매수(買收)	1. 물건을 사들임. 　예 **매수** 가격. 2. 금품이나 그 밖의 수단으로 남의 마음을 사서 자기편으로 만드는 일.

8 수용(受容, 收容, 收用)

수용(受容)	어떠한 것을 받아들임. 예 근대 문명 **수용**.
수용(收容)	범법자, 포로, 난민, 관객, 물품 따위를 일정한 장소나 시설에 모아 넣음. 예 이 극장은 **수용** 인원이 얼마 되지 않는다.
수용(收用)	거두어들여 사용함. 예 **수용**이 가능한 토지를 모두 매입하다.

9 유지(有志, 維持, 遺志)

유지(有志)	1. 마을이나 지역에서 명망 있고 영향력을 가진 사람. 예 그 어른은 이곳에서 가장 영향력이 큰 **유지**이다. 2. 어떤 일에 뜻이 있거나 관심이 있는 사람.
유지(維持)	어떤 상태나 상황을 그대로 보존하거나 변함없이 계속하여 지탱함. 예 질서 **유지**.
유지(遺志)	죽은 사람이 살아서 이루지 못하고 남긴 뜻. 예 **유지**를 따르다.

10 정체(停滯, 政體, 正體)

정체(停滯)	사물이 발전하거나 나아가지 못하고 한자리에 머물러 그침. 예 경제의 **정체**로 불황이 지속된다.
정체(政體)	국가의 통치 형태. 군주제, 귀족제, 민주제, 공화제 따위가 있다.
정체(正體)	1. 참된 본디의 형체. 예 **정체**가 불명한 괴한들. 2. 본심(本心)의 모양. 3. 바른 모양의 글씨. 예 그는 오랜 기간 **정체**를 쓰기 위해 연습해 왔다.

기출로 바로 체크

왼쪽 뜻풀이에 해당하는 한자어를 오른쪽에서 찾아 연결하시오.

01 같은 시기. 또는 같은 기간.   •
  • ㄱ. 동기(動機) 2번 출제

02 형제와 자매, 남매를 통틀어 이르는 말.   •
  • ㄴ. 동기(同期) 2번 출제

03 어떤 일이나 행동을 일으키게 하는 계기.   •
  • ㄷ. 동기(同氣) 2번 출제

정답 | **01**- ㄴ   **02**- ㄷ   **03**- ㄱ

POINT 06

다의어

출제빈도 ★★★★

> **수지쌤의 비법**
>
> 다의어는 한 단어의 중심 의미가 주변 의미로 확장되면서 다양한 의미를 지니게 된 단어입니다. 따라서 동음이의어와 달리 의미상 연관성이 있으므로, 사전에서 첫 번째로 제시되는 의미를 중심으로 공부해 보세요.

☑ 한 번 더 보기

□ **얼굴**

1. 눈, 코, 입이 있는 머리의 앞면.
   예 **얼굴**을 들이대다.

2. 머리 앞면의 전체적 윤곽이나 생김새.
   예 예쁜 **얼굴**.

3. 주위에 잘 알려져서 얻은 평판이나 명예. 또는 체면.
   예 내가 무슨 **얼굴**로 형을 대하겠느냐?

4. 어떤 심리 상태가 나타난 형색(形色).
   예 기쁨에 충만한 **얼굴**.

5. 어떤 분야에 활동하는 사람.
   예 미술계의 새로운 **얼굴**.

6. 어떤 사물의 진면목을 단적으로 보여 주는 대표적 표상.
   예 한복은 우리 의복 문화를 대표하는 **얼굴**이다.

□ **나가다** ☆

1. 일정한 지역이나 공간의 범위와 관련하여 그 안에서 밖으로 이동하다.
   예 조용히 있고 싶으니 모두 마당에 **나가서** 놀아라.

2. 생산되거나 만들어져 사회에 퍼지다.
   예 새 제품이 시장에 **나간** 후의 시장 조사는 필수적이다.

3. 사회적인 활동을 시작하다.
   예 그는 이번에 새로 문단에 **나가게** 되었다.

4. 일정한 직장이나 일터에 다니다.
   예 그는 이미 20년 넘게 한 직장을 **나가고** 있다.

5. 모임에 참여하거나, 운동 경기에 출전하거나, 선거 따위에 입후보하다.
   예 그는 전국 체전에 대표로 **나갔다**.

에듀스 KBS 한국어능력시험 최수지 어휘·어법 핵심노트

□ **찾다** ☆

1. 현재 주변에 없는 것을 얻거나 사람을 만나려고 여기저기를 뒤지거나 살피다. 또는 그것을 얻거나 그 사람을 만나다.
   예 철수가 가방을 뒤지며 열쇠를 **찾았다**.

2. 모르는 것을 알아내고 밝혀내려고 애쓰다. 또는 그것을 알아내고 밝혀내다.
   예 시민 단체들은 민족의 뿌리를 **찾는** 운동을 전개하고 있다.

3. 잃거나 빼앗기거나 맡기거나 빌려주었던 것을 돌려받아 가지게 되다.
   예 적금 만기로 은행에서 돈을 **찾았다**.

4. 어떤 사람을 만나거나 어떤 곳을 보러 그와 관련된 장소로 옮겨 가다.
   예 명절에 고향을 **찾았다**.

5. 어떤 것을 구하다.
   예 그는 자기 이익과 안일만을 **찾는다**.

6. 어떤 사람이나 기관 따위에 도움을 요청하다.
   예 감기로 병원을 **찾는** 환자가 부쩍 늘었다.

7. 원상태를 회복하다.
   예 다시 의식을 **찾았다**.

8. 자신감, 명예, 긍지 따위를 회복하다.
   예 자존심을 다시 **찾기** 위해 노력했다.

⚡ **기출로 바로 체크**

<보기>의 괄호 안에 공통으로 들어갈 단어의 기본형을 고르시오.

─────── 〈보기〉 ───────
• 도서관에서 그 책을 (   ) 중이다.
• 담보로 잡혔던 이천만 원을 (   ).
• 경기에서 이긴다면 자신감을 (   ) 될 것이다.

① 알다   ② 치다   ③ 찾다

정답 | ③ 찾다

38 KBS 한국어능력시험 동영상강의·무료 학습자료 제공 pass.Hackers.com

I. 어휘

발음이 유사하여 혼동하기 쉬운 어휘 출제빈도 ★★★

수지쌤의 비법

혼동하기 쉬운 어휘의 정확한 의미를 묻는 문제는 종종 출제됩니다. 특히 발음이 유사한 단어들은 혼동하기 더 쉬우므로 단어의 형태와 의미를 정확히 확인하면서 공부하는 것이 중요해요.

☑ 한 번 더 보기

□ **겉잡나**

겉으로 보고 대강 짐작하여 헤아리다.

예 예산을 대충 **겉잡아서** 말하지 말고 잘 뽑아 보시오.

□ **걷잡다**

한 방향으로 치우쳐 흘러가는 형세 따위를 붙들어 잡다.

예 **걷잡을** 수 없는 사태.

 기출로 바로 체크 완성하려면 (겉잡아도 / 걷잡아도) 서너 시간이 더 필요하다. 1번 출제

정답 | 걷잡아도

□ **담그다**

1. 액체 속에 넣다.

예 시냇물에 발을 **담그다**.

2. 김치·술·장·젓갈 따위를 만드는 재료를 버무리거나 물을 부어서, 익거나 삭도록 그릇에 넣어 두다.

예 김치를 **담그다**.

□ **담다**

어떤 물건을 그릇 따위에 넣다.

예 간장을 병에 **담다**.

 기출로 바로 체크 작년에 (담근 / 담은) 고추장으로 비빔국수를 만들었다. 1번 출제

정답 | 담근

□ **띠다**

1. 용무나, 직책, 사명 따위를 지니다.
   예 중대한 임무를 **띠다**.

2. 빛깔이나 색채 따위를 가지다.
   예 붉은빛을 **띤** 장미.

3. 감정이나 기운 따위를 나타내다.
   예 얼굴에 미소를 **띠다**.

□ **띄다**

눈에 띄다(○), 띠다(×)

'뜨이다(남보다 훨씬 두드러지다)'의 준말.
예 빨간 지붕이 눈에 **띄는** 집.

> **기출로 바로 체크** 그의 그림 실력이 눈에 (띠게 / 띄게) 좋아졌다. 1번 출제

정답 | 띄게

□ **메다** ☆

1. 뚫려 있거나 비어 있는 곳이 막히거나 채워지다. 메다¹
   예 하수도 구멍이 **메다**.

2. 어떤 장소에 가득 차다. 메다¹
   예 마당이 **메어** 터지게 사람들이 들이닥쳤다.

3. 어떤 감정이 북받쳐 목소리가 잘 나지 않다. 메다¹
   예 나는 너무 기뻐 목이 **메었다**.

4. 어깨에 걸치거나 올려놓다. 메다²
   예 어깨에 배낭을 **메다**.

5. 어떤 책임을 지거나 임무를 맡다. 메다²
   예 젊은이는 나라의 장래를 **메고** 나갈 사람이다.

□ **매다** ☆

1. 끈이나 줄 따위의 두 끝을 엇걸고 잡아당기어 풀어지지 아니
   하게 마디를 만든다. 매다¹
   예 신발 끈을 **매다**.

2. 논밭에 난 잡풀을 뽑다. 매다²
   예 콩밭을 **매다**.

> **기출로 바로 체크** 그녀는 목이 (메었는지 / 매었는지) 말없이 눈물만 흘렸다. 2번 출제

정답 | 메었는지

I. 어휘

뜻이 유사하여 혼동하기 쉬운 어휘 출제빈도 ★★★

수지쌤의 비법 뜻이 유사한 어휘는 같은 한자를 쓰는 경우가 많지요. 또, 일상에서 이러한 어휘의 의미를 정확히 구분하지 않고 사용해 단어들의 의미가 뒤섞이기도 하니, 그동안 크게 신경 쓰지 않았던 단어들도 의미를 꼼꼼히 확인해 둡시다.

☑ 한 번 더 보기

□ **개발(開發)**

1. 지식이나 재능 따위를 발달하게 함.
   예 자신의 능력 **개발**.

2. 산업이나 경제 따위를 발전하게 함.
   예 산업 **개발**.

□ **계발(啓發)**

슬기나 재능, 사상 따위를 일깨워 줌.
예 외국어 능력의 **계발**.

 기출로 바로 체크 국가는 경제 (개발(開發) / 계발(啓發))에 힘쓰고 있다. 1번 출제

정답 | 개발(開發)

□ **결제(決濟)**

1. 일을 처리하여 끝을 냄.

2. 증권 또는 대금을 주고받아 매매 당사자 사이의 거래 관계를 끝맺는 일.
   예 어음의 **결제**.

□ **결재(決裁)**

결정할 권한이 있는 상관이 부하가 제출한 안건을 검토하여 허가하거나 승인함.
예 **결재**를 받다.

 기출로 바로 체크 과장님께 보고서 (결제(決濟) / 결재(決裁))를 올렸다. 1번 출제

정답 | 결재(決裁)

쫓다	1. 어떤 대상을 잡거나 만나기 위하여 뒤를 급히 따르다.
	예 **쫓고** 쫓기는 숨 막히는 추격전을 벌이다.
	2. 어떤 자리에서 떠나도록 몰다.
	예 새를 **쫓다**.

좇다	1. 목표, 이상, 행복 따위를 추구하다.
	예 명예를 **좇는** 젊은이.
	2. 남의 말이나 뜻을 따르다.
	예 아버지의 유언을 **좇다**.

 기출로 바로 체크 부모님의 말씀을 (쫓아 / 좇아) 유학길에 올랐다. 1번 출제

정답 | 좇아

| 한창 | 어떤 일이 가장 활기 있고 왕성하게 일어나는 때. 또는 어떤 상태가 가장 무르익은 때. |
| | 예 공사가 **한창**인 아파트. |

| 한참 | 시간이 상당히 지나는 동안. |
| | 예 **한참** 동안 기다리다. |

 기출로 바로 체크 (한창 / 한참)을 걸어가니 구멍가게가 보였다. 1번 출제

정답 | 한참

| 햇볕 | 해가 내리쬐는 기운. |
| | 예 따사로운 **햇볕**. |

| 햇빛 | 해의 빛. |
| | 예 **햇빛**을 가리다. |

기출로 바로 체크 풀잎에 맺힌 이슬방울이 (햇볕 / 햇빛)에 반사되어 반짝인다. 1번 출제

정답 | 햇빛

POINT 10

I. 어휘
속담

수지쌤의 비법

속담은 '읽어서 의미를 이해할 수 있는 것'이 있고 '읽어도 의미 이해가 잘 안 되는 것'이 있지요. 따라서 어렵게 느껴지는 '내가 이해 못하는 속담'과 낯선 속담을 읽어 가면서 기존에 몰랐던 속담과 그 의미를 익히는 시간이 필요합니다.

☑ 한 번 더 보기

개 머루[약과] 먹듯	1. 참맛도 모르면서 바삐 먹어 치우는 것을 이르는 말. 🔵 개가 약과 먹은 것 같다 2. 뜻도 모르면서 아는 체함을 이르는 말.
개밥에 도토리	개는 도토리를 먹지 아니하기 때문에 밥 속에 있어도 먹지 아니하고 남긴다는 뜻에서, 따돌림을 받아서 여럿의 축에 끼지 못하는 사람을 비유적으로 이르는 말.
꾸어다 놓은 보릿자루[빗자루] ☆	여럿이 모여 이야기하는 자리에서 아무 말도 하지 않고 한옆에 가만히 있는 사람을 비유적으로 이르는 말. 🔵 전당 잡은 촛대 (같고 꾸어 온 보릿자루 같다)
눈 가리고 아웅 ☆	1. 얕은수로 남을 속이려 한다는 말. 🔵 가랑잎으로 눈(을) 가리고 아웅 한다, 눈 벌리고 어비야 한다, 머리카락 뒤에서 숨바꼭질한다 2. 실제로 보람도 없을 일을 공연히 형식적으로 하는 체하며 부질없는 짓을 함을 비유적으로 이르는 말. 🔵 귀 막고 아웅 한다, 눈 감고 아웅 한다, 눈 벌리고 아웅
동냥은 못 줘도 쪽박은 깨지 마라	남을 도와주는 못할망정 방해는 하지 말라는 말.
땅내가 고소하다[구수하다]	머지않아 죽게 될 것 같다는 말. 🔵 흙내가 고소하다

□ **땅을 팔 노릇**	사정이 불가능하여 할 수 없는 것을 억지로 우기며 고집을 피울 때 하는 말.
□ **발 없는 말이 천 리 간다**	말은 비록 발이 없지만 천 리 밖까지도 순식간에 퍼진다는 뜻으로, 말을 삼가야 함을 비유적으로 이르는 말.
□ **선무당이 사람 잡는다[죽인다]**	의술에 서투른 사람이 치료해 준다고 하다가 사람을 죽이기까지 한다는 뜻으로, 능력이 없어서 제구실을 못하면서 함부로 하다가 큰일을 저지르게 됨을 비유적으로 이르는 말. ⑧ 어설픈 약국이 사람 죽인다
□ **소 잃고 외양간 고친다** ☆	소를 도둑맞은 다음에서야 빈 외양간의 허물어진 데를 고치느라 수선을 떤다는 뜻으로, 일이 이미 잘못된 뒤에는 손을 써도 소용이 없음을 비꼬는 말. ⑧ 도둑맞고 사립[빈지] 고친다, 말 잃고 외양간 고친다
□ **소 죽은 귀신 같다**	소가 고집이 세고 힘줄이 질기다는 데서, 몹시 고집세고 질긴 사람의 성격을 비유적으로 이르는 말. ⑧ 쇠 멱미레 같다
□ **싼 것이 비지떡 [갈치자반]**	값이 싼 물건은 품질도 그만큼 나쁘게 마련이라는 말. ⑧ 값싼 비지떡
□ **썩어도 준치**	본래 좋고 훌륭한 것은 비록 상해도 그 본질에는 변함이 없음을 비유적으로 이르는 말. ⑧ 물어도 준치 썩어도 생치
□ **앉아 주고 서서 받는다**	빌려주기는 쉬우나 돌려받기는 어려움을 비유적으로 이르는 말. ⑧ 앉아 준 돈 서서도 못 받는다
□ **우물에 가 숭늉 찾는다** ☆	모든 일에는 질서와 차례가 있는 법인데 일의 순서도 모르고 성급하게 덤빔을 비유적으로 이르는 말. ⑧ 보리밭에 가 숭늉 찾는다, 싸전에 가서 밥 달라고 한다
□ **처삼촌 뫼에 벌초 하듯**	일에 정성을 들이지 아니하고 마지못하여 건성으로 함을 비유적으로 이르는 말. ⑧ 외삼촌 산소에 벌초하듯, 의붓아비 묘의 벌초, 작은아비 제삿날 지내듯, 작은어미 제삿날 지내듯

□ **초록은 동색**	풀색과 녹색은 같은 색이라는 뜻으로, 처지가 같은 사람들끼리 한패가 되는 경우를 비유적으로 이르는 말. ⑧ 그 속옷이 그 속옷이다
□ **하루 죽을 줄은 모르고 열흘 살 줄만 안다**	언제 죽을지 모르는 덧없는 세상에서 자기만은 얼마든지 오래 살 것처럼 행동하는 사람을 보고 이르는 말.
□ **하루가 여삼추(라)**	하루가 삼 년과 같다는 뜻으로, 짧은 시간이 매우 길게 느껴짐을 비유적으로 이르는 말. ⑧ 하루가 열흘 맞잡이
□ **황소 뒷걸음치다가 쥐 잡는다**	어쩌다 우연히 이루거나 알아맞힘을 비유적으로 이르는 말. ⑧ 소 밭에 쥐 잡기, 황소 뒷걸음에 잡힌 개구리
□ **황소 제 이불 뜯어 먹기**	어떤 일을 한 결과가 결국 제 손해가 되었다는 말.

기출로 바로 체크

다음 뜻풀이에 해당하는 속담을 쓰시오.

01 얕은수로 남을 속이려 한다는 말.
[   ] 2번 출제

02 모든 일에는 질서와 차례가 있는 법인데 일의 순서도 모르고 성급하게 덤빔을 비유적으로 이르는 말.
[   ] 3번 출제

03 소를 도둑맞은 다음에서야 빈 외양간의 허물어진 데를 고치느라 수선을 떤다는 뜻으로, 일이 이미 잘못된 뒤에는 손을 써도 소용이 없음을 비꼬는 말.
[   ] 3번 출제

정답 | **01** 눈 가리고 아웅   **02** 우물에 가 숭늉 찾는다   **03** 소 잃고 외양간 고친다

I. 어휘

한자 성어

출제빈도 ★★★★

수지쌤의 비법

한자 성어는 자주 출제되므로 필수적으로 공부해야 하지만, 완벽히 암기하려고 하기보다는 자주 보면서 익숙하게 하는 것이 더 효과적이에요. 또, 한자 성어가 적용될 만한 상황을 떠올리며 의미를 확인하면 효율적으로 암기할 수 있어요.

☑ 한 번 더 보기

☐ **견문발검(見蚊拔劍)**
모기를 보고 칼을 뺀다는 뜻으로, 사소한 일에 크게 성내어 덤빔을 이르는 말.

☐ **고육지책(苦肉之策)** ☆
자기 몸을 상해 가면서까지 꾸며 내는 계책이라는 뜻으로, 어려운 상태를 벗어나기 위해 어쩔 수 없이 꾸며 내는 계책을 이르는 말.
⑧ 고육계(苦肉計), 고육지계(苦肉之計), 고육책(苦肉策)

☐ **곡학아세(曲學阿世)** ☆
바른길에서 벗어난 학문으로 세상 사람에게 아첨함.

☐ **교각살우(矯角殺牛)** ☆
소의 뿔을 바로잡으려다가 소를 죽인다는 뜻으로, 잘못된 점을 고치려다가 그 방법이나 정도가 지나쳐 오히려 일을 그르침을 이르는 말.

☐ **권토중래(捲土重來)** ☆
1. 땅을 말아 일으킬 것 같은 기세로 다시 온다는 뜻으로, 한 번 실패하였으나 힘을 회복하여 다시 쳐들어옴을 이르는 말.

2. 어떤 일에 실패한 뒤에 힘을 가다듬어 다시 그 일에 착수함을 비유하여 이르는 말.

☐ **난공불락(難攻不落)**
공격하기가 어려워 쉽사리 함락되지 아니함.

☐ **낭중지추(囊中之錐)** ☆
주머니 속의 송곳이라는 뜻으로, 재능이 뛰어난 사람은 숨어 있어도 저절로 사람들에게 알려짐을 이르는 말.
⑨ 추낭(錐囊), 추처낭중(錐處囊中)

□ **망년지교(忘年之交)**

나이에 거리끼지 않고 허물없이 사귄 벗.
- 동 망년지우(忘年之友)

□ **부화뇌동(附和雷同)** ☆

줏대 없이 남의 의견에 따라 움직임.
- 동 뇌동(雷同), 뇌동부화(雷同附和), 부동(附同)
- 유 부화수행(附和隨行), 수중축대(隨衆逐隊), 여진여퇴(旅進旅退)

□ **불언가상(不言可想)**

아무 말을 하지 않아도 능히 짐작할 수 있음.
- 유 불문가지(不問可知), 불언가지(不言可知)

□ **불치하문(不恥下問)**

손아랫사람이나 지위나 학식이 자기만 못한 사람에게 모르는 것을 묻는 일을 부끄러워하지 아니함.

□ **오비이락(烏飛梨落)** ☆

까마귀 날자 배 떨어진다는 뜻으로, 아무 관계도 없이 한 일이 공교롭게도 때가 같아 억울하게 의심을 받거나 난처한 위치에 서게 됨을 이르는 말.

□ **우공이산(愚公移山)** ☆

우공이 산을 옮긴다는 뜻으로, 어떤 일이든 끊임없이 노력하면 반드시 이루어짐을 이르는 말.

□ **이전투구(泥田鬪狗)**

1. 진흙탕에서 싸우는 개라는 뜻으로, 강인한 성격의 함경도 사람을 이르는 말.

2. 자기의 이익을 위하여 비열하게 다툼을 비유적으로 이르는 말.

□ **익자삼우(益者三友)**

사귀어서 자기에게 도움이 되는 세 가지의 벗. 심성이 곧은 사람과 믿음직한 사람, 문견이 많은 사람을 이른다.
- 동 삼익우(三益友)
- 반 손자삼우(損者三友)

□ **일면지교(一面之交)**

한 번 만나 본 정도의 친분.
- 동 일면지분(一面之分)

□ **자가당착(自家撞着)** ☆

같은 사람의 말이나 행동이 앞뒤가 서로 맞지 아니하고 모순됨.
- 동 모순당착(矛盾撞着)

□ **주마간산(走馬看山)** ☆

말을 타고 달리며 산천을 구경한다는 뜻으로, 자세히 살피지 아니하고 대충대충 보고 지나감을 이르는 말.

□ 천의무봉(天衣無縫)	천사의 옷은 꿰맨 흔적이 없다는 뜻으로, 일부러 꾸민 데 없이 자연스럽고 아름다우면서 완전함을 이르는 말.
□ 철중쟁쟁(鐵中錚錚)	여러 쇠붙이 가운데서도 유난히 맑게 쟁그랑거리는 소리가 난다는 뜻으로, 같은 무리 가운데서도 가장 뛰어남. 또는 그런 사람을 이르는 말.
□ 허장성세(虛張聲勢)	실속은 없으면서 큰소리치거나 허세를 부림.
□ 형설지공(螢雪之功) ☆	반딧불·눈과 함께 하는 노력이라는 뜻으로, 고생을 하면서 부지런하고 꾸준하게 공부하는 자세를 이르는 말.
□ 화룡점정(畫龍點睛)	무슨 일을 하는 데에 가장 중요한 부분을 완성함을 비유적으로 이르는 말. 圖 점정(點睛)
□ 후래삼배(後來三杯)	술자리에 뒤늦게 온 사람에게 권하는 석 잔의 술.

기출로 바로 체크

다음 뜻풀이에 해당하는 한자 성어를 <보기>에서 골라 쓰시오.

─── 〈보기〉 ───
고육지책(苦肉之策), 곡학아세(曲學阿世), 낭중지추(囊中之錐), 자가당착(自家撞着)

01 바른길에서 벗어난 학문으로 세상 사람에게 아첨함.　　　　　　　[　　　　] 2번 출제
02 같은 사람의 말이나 행동이 앞뒤가 서로 맞지 아니하고 모순됨.　　[　　　　] 2번 출제
03 주머니 속의 송곳이라는 뜻으로, 재능이 뛰어난 사람은 숨어 있어도 저절로 사람들에게 알려짐을 이르는 말.　　　　　　　　　　　　　　　　　　[　　　　] 5번 출제
04 자기 몸을 상해 가면서까지 꾸며 내는 계책이라는 뜻으로, 어려운 상태를 벗어나기 위해 어쩔 수 없이 꾸며 내는 계책을 이르는 말.　　　　　　　　　[　　　　] 2번 출제

정답 | **01** 곡학아세(曲學阿世)　　**02** 자가당착(自家撞着)　　**03** 낭중지추(囊中之錐)　　**04** 고육지책(苦肉之策)

I. 어휘
뜻이 유사한 속담과 한자 성어

출제빈도 ★★★

수지쌤의 비법

한자 성어를 그대로 풀어 쓴 표현이 속담이 되는 경우가 많아요. 또한 한자 성어와 속담을 연결하는 문제도 간혹 출제되니 짝을 지을 수 있는 한자 성어와 속담은 함께 공부해 둡시다.

1 뜻이 유사한 속담과 한자 성어

구분	속담, 한자 성어	의미
1	감탄고토(甘呑苦吐)	달면 삼키고 쓰면 뱉는다는 뜻으로, 자신의 비위에 따라서 사리의 옳고 그름을 판단함을 이르는 말.
	달면 삼키고 쓰면 뱉는다	옳고 그름이나 신의를 돌보지 않고 자기의 이익만 꾀함을 비유적으로 이르는 말.
2	견문발검(見蚊拔劍)	모기를 보고 칼을 뺀다는 뜻으로, 사소한 일에 크게 성내어 덤빔을 이르는 말.
	모기 보고 칼[환도] 빼기[뽑기]	시시한 일로 소란을 피움을 비유적으로 이르는 말.
3	고장난명(孤掌難鳴) ☆	외손뼉만으로는 소리가 울리지 아니한다는 뜻으로, 혼자의 힘만으로 어떤 일을 이루기 어려움을 이르는 말.
	백지장도 맞들면 낫다	쉬운 일이라도 협력하여 하면 훨씬 쉽다는 말.
4	교각살우(矯角殺牛) ☆	소의 뿔을 바로잡으려다가 소를 죽인다는 뜻으로, 잘못된 점을 고치려다가 그 방법이나 정도가 지나쳐 오히려 일을 그르침을 이르는 말.
	빈대 잡으려고 초가삼간 태운다 ☆ ⑧ 빈대 미워 집에 불 놓는다	손해를 크게 볼 것을 생각지 아니하고 자기에게 마땅치 아니한 것을 없애려고 그저 덤비기만 하는 경우를 비유적으로 이르는 말.

5	동족방뇨(凍足放尿)	언 발에 오줌 누기라는 뜻으로, 잠시 동안만 효력이 있을 뿐 효력이 바로 사라짐을 비유적으로 이르는 말.
	언 발에 오줌 누기 ☆	언 발을 녹이려고 오줌을 누어 봤자 효력이 별로 없다는 뜻으로, 임시변통은 될지 모르나 그 효력이 오래가지 못할 뿐만 아니라 결국에는 사태가 더 나빠짐을 비유적으로 이르는 말.
6	망양보뢰(亡羊補牢) ☆	양을 잃고 우리를 고친다는 뜻으로, 이미 어떤 일을 실패한 뒤에 뉘우쳐도 아무 소용이 없음을 이르는 말.
	소 잃고 외양간 고친다 ☆	소를 도둑맞은 다음에서야 빈 외양간의 허물어진 데를 고치느라 수선을 떤다는 뜻으로, 일이 이미 잘못된 뒤에는 손을 써도 소용이 없음을 비꼬는 말.
7	오비삼척(吾鼻三尺)	내 코가 석 자라는 뜻으로, 자기 사정이 급하여 남을 돌볼 겨를이 없음을 이르는 말.
	내 코가 석 자	내 사정이 급하고 어려워서 남을 돌볼 여유가 없음을 비유적으로 이르는 말.
8	오비이락(烏飛梨落) ☆	까마귀 날자 배 떨어진다는 뜻으로, 아무 관계도 없이 한 일이 공교롭게도 때가 같아 억울하게 의심을 받거나 난처한 위치에 서게 됨을 이르는 말.
	까마귀 날자 배 떨어진다	아무 관계 없이 한 일이 공교롭게도 때가 같아 어떤 관계가 있는 것처럼 의심을 받게 됨을 비유적으로 이르는 말.

기출로 바로 체크

왼쪽의 속담과 뜻이 유사한 한자 성어를 오른쪽에서 찾아 연결하시오.

01 백지장도 맞들면 낫다 1번 출제 • • ㄱ. 망양보뢰(亡羊補牢) 3번 출제

02 소 잃고 외양간 고친다 3번 출제 • • ㄴ. 교각살우(矯角殺牛) 4번 출제

03 빈대 잡으려고 초가삼간 태운다 2번 출제 • • ㄷ. 고장난명(孤掌難鳴) 4번 출제

정답 | 01-ㄷ 02-ㄱ 03-ㄴ

POINT 13

한자어 순화어

출제빈도 ★★★★★

수지쌤의 비법

순화어는 이해하기 어려운 말을 알기 쉽게 고친 말로, 국립국어원은 어려운 한자어 대신 순화어를 사용할 것을 권하고 있습니다. 가끔 표현이 낯선 순화 어가 있으니, 기존의 한자어와 대비하며 순화어를 익혀 보세요.

1 한자어 순화어

구분	한자어	순화어	구분	한자어	순화어
1	~함을 요(要)한다, 요(要)하다	~하기 바랍니다, ~하시기 바랍니다	14	미연(未然)에	미리
2	가불(假拂)	임시 지급	15	별첨(別添)☆	따로 붙임
3	개전(改悛)의 정(情)	뉘우치는 빛	16	부의(附議)하다	토의에 부치다
4	거개(擧皆)	거의, 대개	17	분기(分岐)하다	갈라지다, 나누어지다
5	계리(計理)하다	회계 처리하다	18	불입(拂入)하다	내다, 납입하다
6	고수부지 (高水敷地)☆	둔치	19	사계(斯界)	그/이 방면, 그/이 분야
7	관장(管掌)	담당, 맡음, 맡아 봄, 처리	20	사술(詐術)	속임수
8	노견(路肩)☆	갓길	21	산입(算入)하다	① 포함하다 ② 셈에 넣다
9	답신(答申)	대답	22	상위(相違)하다	다르다, 서로 다르다
10	대체(代替)하다	바꾸다	23	수순(手順)☆	순서, 절차, 차례
11	도래(到來)하다	이르다, 오다, 닥치다	24	수피(樹皮)	나무 껍질
12	망년회(忘年會)☆	송년 모임, 송년회	25	수하물(手荷物)	손짐
13	무주(無主)의	주인 없는	26	시말서(始末書)	경위서

I. 어휘

해커스 KBS 한국어능력시험 최수지 어휘·어법 핵심노트

27	익월(翌月)	다음 달	34	지득(知得)하다	알게 되다, 알다
28	익일(翌日)	다음 날, 이튿날	35	착수(着手) ☆	시작
29	잔반(殘飯) ☆	남은 밥, 음식 찌꺼기	36	체차(遞次)로	차례차례로
30	재삼(再三)	여러 번, 거듭	37	최촉(催促)	재촉, 독촉
31	전횡(專橫)	독선적 행위, 마음대로 함	38	파종(播種)	씨뿌리기
32	제척(除斥)	제외, 뺌	39	해태(懈怠)하다	게을리하다, 제때 하지 않다
33	주말(朱抹)하다	붉은 줄로 지우다, 붉은 선으로 지우다	40	호창(呼唱)하다	외치다

밑줄 친 부분의 순화어가 적절한 것은 ○, 적절하지 않은 것은 × 표시하시오.

01 참고 자료는 <u>별첨</u>(→따로 붙임)해 주세요. (○, ×) 2번 출제
02 그는 새로운 사업을 <u>착수</u>(→인수)할 예정이다. (○, ×) 2번 출제
03 사회자는 <u>수순</u>(→순서)대로 행사를 진행하였다. (○, ×) 3번 출제
04 학생들이 <u>잔반</u>(→남은 밥)을 버리기 위해 줄을 서 있다. (○, ×) 3번 출제
05 비가 많이 오는 날에는 <u>고수부지</u>(→물가) 출입이 금지된다. (○, ×) 2번 출제

정답 | 01 ○ 02 ×, 시작 03 ○ 04 ○ 05 ×, 둔치

외래어 순화어

출제빈도 ★★★★★

수지쌤의 비법

국립국어원에서는 외국어나 표현의 적절성이 검토되지 않은 외래어를 우리 말로 다듬어 쓸 것을 권하고 있어요. 특히 순화 대상인 외래어의 경우 이미 익숙하여 낯설게 느껴지지 않는 표현이 많으므로 더욱 유심히 보아야 합니다.

1 외래어 순화어

구분	외래어	순화어	구분	외래어	순화어
1	가오	체면, 무게	15	무빙워크	자동길
2	곤조	고집, 근성	16	바캉스	휴가, 여름휴가
3	뉘앙스☆	어감, 말맛, 느낌	17	발레파킹☆	대리주차
4	다크서클	눈그늘	18	버킷 리스트	소망 목록
5	데드라인☆	한계선, 최종 한계, 마감, 기한	19	번아웃	탈진
6	도비라	속표지	20	베스트	① 최선 ② 최고
7	디스카운트☆	에누리, 할인	21	벤치 클리어링	몸싸움, 집단 몸싸움, 선수단 몸싸움
8	라운지	휴게실	22	블랙 컨슈머	악덕소비자
9	레시피☆	조리법	23	블랙아웃	대정전
10	론칭쇼	신제품 발표회	24	샘플	보기, 본보기, 표본
11	리메이크☆	재구성, 원작 재구성	25	소보로빵	곰보빵
12	리플	댓글	26	소셜 커머스	공동 할인 구매
13	마블링	결지방	27	쇼부	결판
14	머스트 해브	필수품	28	스크린 도어☆	안전문

I. 어휘

해커스 KBS 한국어능력시험 최수지 어휘·어법 핵심노트

29	스타일리스트	맵시가꿈이	41	컨트롤 타워	통제탑, 지휘 본부, 사령탑
30	신드롬	증후군	42	케이스	① 경우 ② 상자
31	싱크로율	일치율	43	콤플렉스	열등감, 욕구 불만, 강박 관념
32	안티에이징	노화 방지	44	쿠사리 ☆	핀잔
33	언론 플레이	여론몰이	45	크레인	기중기
34	오션 뷰	바다 전망	46	타입	① 모양 ② 유형
35	와일드하다	거칠다	47	팁 ☆	① 도움말 ② 봉사료
36	워킹 그룹	실무단	48	파트너사	협력사
37	이북	전자책	49	팝업 창 ☆	알림창
38	인저리 타임	추가시간	50	팩트 체크	사실 확인
39	추리닝	운동복	51	페이백	보상 환급
40	컨벤션 효과	행사 효과	52	플래카드 ☆	펼침막, 현수막

 기출로 바로 체크

밑줄 친 부분의 순화어가 적절한 것은 ○, 적절하지 않은 것은 × 표시하시오.

01 스크린 도어(→유리문)에 기대면 위험하다. (○, ×) 4번 출제

02 학원에 가지 않아 엄마에게 쿠사리(→핀잔)를 들었다. (○, ×) 4번 출제

03 이 곡은 예전에 발표된 곡을 리메이크(→재구성)한 것이다. (○, ×) 2번 출제

정답 | **01** ×, 안전문   **02** ○   **03** ○

POINT 15 · I. 어휘
호칭어와 지칭어

출제빈도 ★★

수지쌤의 비법

호칭어는 '상대방을 직접 부르는 말'이고 지칭어는 '제삼자에게 누군가를 가리켜 이르는 말'이어서 상황에 적절한 표현을 써야 해요. 또한 형태가 동일하기도 하고 다르기도 해서 혼동하기 쉬우니 잘 구별해서 기억해 둡시다.

1 가정 내에서의 호칭어와 지칭어

1. 친족 사이의 호칭이와 지칭이 ○ 성, ○○ 이름

대상	호칭어	지칭어	
부모	아버지, 아빠, 어머니, 엄마		
자녀	○○[미혼/기혼], 아비/아범, 어미/어멈[기혼]		
부부 사이	여보	**(다른 사람에게) 배우자**	남편, 아내
		(부모에게) 아내	어멈/어미
		(시부모에게) 남편	그이, 아범/아비
며느리	(새)아가, (○○[손주]) 어멈/어미	며느리	(새)아기, (○○[손주]) 어멈/어미
사위	○ 서방	사위	○ 서방, 자네, ○○[외손주] 아범/아비
시부모	아버님/아버지, 어머님/어머니	시부모	시아버님/시아버지, 아버님 시어머님/시어머니, 어머님
처부모	장인어른, 아버님 장모님, 어머님	처부모	장인, 장인어른 장모, 장모님
남편의 형	아주버님	남편의 형	시아주버니, ○○[자녀] 큰아버지
남편의 아우	도련님[미혼], 서방님[기혼]	남편의 아우	시동생, 도련님[미혼], 서방님[기혼], ○○[자녀] 작은아버지/삼촌
남편의 누나	형님	남편의 누나	시누이, 형님, ○○[자녀] 고모

I. 어휘

해커스 KBS 한국어능력시험 최수지 어휘·어법 핵심노트

남편의 여동생	아가씨, 아기씨	남편의 여동생	시누이, 아가씨, 아기씨, ○○[자녀] 고모
아내의 오빠	형님	아내의 오빠	형님, ○○[자녀] 외삼촌
아내의 남동생	처남	아내의 남동생	처남, ○○[자녀] 외삼촌
아내의 언니	처형	아내의 언니	처형, ○○[자녀] 이모
아내의 여동생	처제	아내의 여동생	처제, ○○[자녀] 이모

2. 부모를 지칭하는 한자어

구분	부	모
살아 계신 경우	부친(父親), 가친(家親), 엄친(嚴親)	모친(母親), 자친(慈親)
돌아가신 경우	선친(先親), 선인(先人)	선비(先妣), 선자(先慈)
남의 부모	춘부장(椿府丈)	자당(慈堂)

2 직장 및 사회에서의 호칭어와 지칭어 ○: 성, ○○○: 성+이름

대상		호칭어와 지칭어
직장 상사	직함이 있는 경우	○○[직함 이름]님
	직함이 없는 경우	선배님, 선생님, ○○○ 선배, ○ 선배
직장 동료		○○[직함 이름]님, ○○[직함 이름], ○○○님, ○○님 나이가 많은 후배는 '후배(님)', '○○[직함 이름]님'으로 부를 수 있다.
직장 상사의 배우자	아내	아내분, 사모님, 여사님
	남편	남편분, 사부님, 선생님

기출로 바로 체크

다음 설명 중 적절한 것은 ○, 적절하지 않은 것은 × 표시하시오.

01 '춘부장(椿府丈)'은 돌아가신 자신의 아버지를 지칭하는 말이다. (○, ×) 1번 출제
02 '처남'은 아내의 남동생을 이르거나 부르는 말이다. (○, ×) 1번 출제

정답 | **01** ×, 선친(先親)/선인(先人) **02** ○

수지쌤의 비법

두 개 이상의 단어로 이루어진 관용구는, 특수한 의미를 나타내기 때문에 각 단어의 의미를 알아도 의미 파악이 어려울 수 있어요. 따라서 관용구는 반드시 '한 덩어리'로 익혀 두고, 예문을 통해 의미를 파악해 두는 것이 좋습니다.

☑ 한 번 더 보기

□ **가방끈(이) 길다**

많이 배워 학력이 높다.
예 네가 우리 중에 가장 **가방끈이 길지**.

□ **가슴(을) 펴다**

굽힐 것 없이 당당하다.
예 그는 어려운 상황이지만 **가슴을 펴고** 자기의 의견을 제시했다.

□ **가슴을 찢다**

슬픔이나 분함 때문에 가슴이 째지는 듯한 고통을 주다.
예 그녀는 잔혹한 말로 나의 **가슴을 찢어** 놓았다.

□ **간도 쓸개도 없다**

용기나 줏대 없이 남에게 굽히다.
예 넌 **간도 쓸개도 없니**, 우리를 아주 괴롭히는 그 아이 편을 들게?

□ **경종을 울리다** ☆

잘못이나 위험을 미리 경계하여 주의를 환기시키다.
예 그 판결은 우리 사회에 **경종을 울렸다**.

□ **고택골(로) 가다**

'죽다(생명이 없어지거나 끊어지다)'를 속되게 이르는 말.
예 나한테 한 대 맞으면 **고택골로 가니까** 조심하라고 해.

□ **교편(을) 잡다**

학교에서 교사 생활을 하다.
예 그녀는 평생을 초등학교에서 **교편을 잡았다**.

□ **구름(을) 잡다**

막연하거나 허황된 것을 좇다.
예 **구름을 잡을** 게 아니라 현실을 직시해라.
동 뜬구름(을) 잡다

□ **귀(가) 아프다**

너무 여러 번 들어서 듣기가 싫다.

예 이미 **귀 아프게** 들은 말이다.

동 귀(가) 따갑다

□ **귀가 가렵다 [간지럽다]** ☆

남이 제 말을 한다고 느끼다.

예 이렇게 자기 이야기를 하고 있으니 그는 지금 **귀가 가려울** 거야.

□ **귀에 딱지가 앉다**

같은 말을 여러 번 듣다.

예 공부하라는 말은 **귀에 딱지가 앉게** 들었다.

동 귀에 못이 박히다

□ **근처도 못 가다**

비교가 안 되다.

예 철수는 우등생인 영희의 **근처도 못 가는** 성적을 받았다.

□ **깨가 쏟아지다**

몹시 아기자기하고 재미가 나다.

예 결혼 10년 차에도 그 부부는 **깨가 쏟아졌다**.

□ **꼬리를 빼다**

달아나거나 도망치다.

예 말다툼이 시작되자 상대는 **꼬리를 뺐다**.

□ **끗발(이) 좋다**

1. 노름 따위에서, 좋은 끗수가 잇따라 나오다.

   예 **끗발이 좋아야** 돈을 따지.

2. (속되게) 세도나 기세가 당당하다.

   예 저 사람은 우리 회사에서 **끗발이 좋은** 사람이다.

동 끗발(이) 세다

□ **눈물이 앞서다**

말을 하지 못하고 눈물을 먼저 흘리다.

예 고향을 떠날 생각에 **눈물이 앞섰다**.

□ **눈을 거치다**

글 따위를 검토하거나 분별하다.

예 완벽한 수정을 위해선 여러 사람의 **눈을 거치는** 게 좋다.

□ **눈이 곤두서다**

화가 나서 눈에 독기가 오르다.

예 형님은 친구가 비웃는 소리를 하자 **눈이 곤두섰다**.

동 눈알이 곤두서다

□ **느루 가다**

양식이 일정한 예정보다 더 오래가다.

예 죽을 쑤었으면 좀 **느루 가겠지만** 우리는 더럽게 그런 짓은 안 한다. <<김유정, 아내>>

□ **마각을 드러내다**	말의 다리로 분장한 사람이 자기 모습을 드러낸다는 뜻으로, 숨기고 있던 일이나 정체를 드러냄을 이르는 말. 예 왕의 병세가 악화되자 반란군은 **마각을 드러냈다**.
□ **마른침을 삼키다**	몹시 긴장하거나 초조해하다. 예 순서가 다가오자 그는 **마른침을 삼키기** 시작했다.
□ **막차를 타다**	끝나 갈 무렵에 뒤늦게 뛰어들다. 예 그 회사는 호황 때 **막차를 타는** 바람에 지금은 자금이 묶여 어려움을 겪고 있다.
□ **말끝(을) 잡다**	남의 말 가운데서 잘못 표현된 부분의 약점을 잡다. 예 토론 중에 그녀는 **말끝을 잡기** 시작했다. 동 말꼬리(를) 잡다
□ **머리를 쥐어짜다**	몹시 애를 써서 궁리하다. 예 그는 **머리를 쥐어짜며** 이곳에서 나갈 방법을 찾았다.
□ **무대에 서다**	공연에 참가하다. 예 선생님은 학생과 함께 **무대에 섰다**. 동 무대에 오르다
□ **물로 보다**	사람을 하찮게 보거나 쉽게 생각하다. 예 이런 대접은 나를 **물로 본다**는 거 아니겠어?
□ **바람(을) 잡다**	허황된 짓을 꾀하거나 그것을 부추기다. 예 친구는 내게 수업을 빠지자고 **바람을 잡기** 시작했다.
□ **발꿈치를 물리다**	은혜를 베풀어 준 상대로부터 뜻밖에 해를 입다. 예 그는 지금 친구를 위해 보증을 서 주다가 **발꿈치를 물려** 철창신세라네. 동 발뒤축을 물리다
□ **발이 닳다**	매우 분주하게 많이 다니다. 예 범인을 잡기 위해 **발이 닳게** 뛰었다.
□ **뱃심(이) 좋다**	염치나 두려움이 없이 제 고집대로 하는 비위가 좋다. 예 그런 힘든 일은 **뱃심이 좋기로** 소문난 그 사람이나 할 수 있을 것이다.

해커스 KBS 한국어능력시험 최수지 어휘·어법 핵심노트

□ **봉(을) 잡다**	상상 속에서만 존재하는 진귀한 봉황을 잡는다는 뜻으로, 매우 귀하고 훌륭한 사람이나 일을 얻음을 비유적으로 이르는 말. 예 복권 1등이라니 완전 **봉 잡았다**.
□ **비행기(를) 태우다**	남을 지나치게 칭찬하거나 높이 추어올려 주다. 예 당연한 일을 했을 뿐이니 공연히 **비행기 태우지** 마라.
□ **사람(을) 잡다**	1. 사람을 죽이다. 예 **사람 잡는** 범죄가 늘어났다. 2. 사람을 극심한 곤경에 몰아넣다. 예 숫자 하나 틀렸다고 **사람을 잡는구먼**. 3. 사람의 마음을 황홀하게 하거나 녹여 주다. 예 그 음식은 **사람을 잡을** 정도로 맛이 대단하다.
□ **산통(을) 깨다** ☆	다 잘되어 가던 일을 이루지 못하게 뒤틀다. 예 요원은 비밀을 발설해 이 작전의 **산통을 깼다**.
□ **상투(를) 잡다** ☆	(속되게) 가장 높은 시세에 주식을 매입하다. 예 **상투를 잡는** 바람에 손해 봤다.
□ **생사람(을) 잡다**	아무 잘못이나 관계가 없는 사람을 헐뜯거나 죄인으로 몰다. 예 내가 사람을 죽였다니, 이거 참 **생사람 잡아도** 유분수지.
□ **서리(를) 맞다**	권력이나 난폭한 힘 따위에 의하여 큰 타격이나 피해를 입다. 예 대형 할인점이 들어와 시장 상인들은 **서리를 맞았다**.
□ **서릿발(을) 이다**	머리카락이 하얗게 세다. 예 유학을 마치고 돌아와 보니 부모님은 어느새 머리에 **서릿발을 이고** 계셨다. 통 서리(를) 이다
□ **서릿발(이) 치다**	1. 서릿발이 생기다. 예 날이 몹시 추워서 물로 닦은 창문에 **서릿발이 쳤다**. 2. 기세가 매우 매섭고 준엄하다. 예 **서릿발 치는** 기세로 적을 물리치는 장군.

| □ **서릿발이 서다** | 1. 땅거죽에 가늘고 긴 얼음 줄기의 묶음이 생기다. |

□ **서릿발이 서다**

1. 땅거죽에 가늘고 긴 얼음 줄기의 묶음이 생기다.
[예] 마당에 **서릿발** 선 것을 보니 날이 춥겠군.

2. 서릿발처럼 준엄하고 매서운 기운이 있다.
[예] 화가 난 그녀의 얼굴에 **서릿발이** 섰다.

□ **손(을) 씻다[털다]**

1. 부정적인 일이나 찜찜한 일에 대하여 관계를 청산하다.
[예] 그는 완전히 **손을 씻고** 다시는 범죄를 저지르지 않았다.

2. 본전을 모두 잃다.
[예] 타짜인지 모르고 덤볐다가 모두 **손을 씻었다.**

□ **수(가) 좋다**

수단이 매우 뛰어나다
[예] 그는 **수가 좋아서** 무슨 일이든지 잘한다.

□ **시색(이) 좋다**

당대에 행세하는 것이 버젓하다.
[예] **시색이 좋은** 선비.

□ **연막(을) 치다**

어떤 수단을 써서 교묘하게 진의를 숨기다.
[예] 그는 나를 안심시키려고 **연막을 치고** 있는 것이 분명했다.

□ **울고 가다**

도저히 감당할 수 없다고 느끼고 몹시 한탄하며 물러서다.
[예] 호기롭게 덤볐다가 **울고 가는** 도전자들이 수두룩했다.

□ **입이 밭다[짧다]**

음식을 심하게 가리거나 적게 먹다.
[예] 남자 친구는 **입이 밭았다.**

□ **지휘봉을 잡다**

어떤 무리나 조직의 우두머리가 되다.
[예] 대표 팀의 **지휘봉을 잡다.**

□ **침 발라 놓다** ☆

자기 소유임을 표시하다.
[예] 이 물건은 내가 **침 발라 놓았으니,** 손대지 마.

□ **침(을) 놓다[주다]**

강하게 알리거나 요구를 나타내면서 꼼짝 못 하게 하다.
[예] 선생님은 다시 떠들면 벌을 주겠다고 아이들에게 **침을 놓**
았다.

□ **침이 마르다**

다른 사람이나 물건에 대하여 거듭해서 말하다.
[예] 대표는 본사 제품을 **침이 마르게** 자랑했다.
(통) 입에 침이 마르다, 입이 닳다, 입이 마르다, 혀가 닳다

□ **코가 높다**

잘난 체하고 뽐내는 기세가 있다.
[예] 걔는 너무 **코가 높아서** 대화하기 싫더라.

□ **코가 꿰이다**	약점이 잡히다.
	예 그는 옆 사람에게 무슨 **코가 꿰였는지** 꼼짝도 못한다.

□ **큰물이 가다**	큰비가 내려 강이나 개울의 물이 넘쳐 논밭을 휩쓸고 지나가다.
	예 **큰물이 간** 후 동네는 폐허가 되었다.

□ **토(를) 달다**	어떤 말 끝에 그 말에 대하여 덧붙여 말하다.
	예 상대의 말에 일일이 **토를 달지** 마.

□ **피가 마르다**	몹시 괴롭거나 애가 타다.
	예 사실이 들통날까 봐 **피가 마를** 지경이었다.

□ **피(를) 토하다**	격렬한 의분을 터뜨리다.
	예 그는 중대한 잘못을 덮을 순 없다며 **피를 토했다**.

□ **허리를 잡다**	웃음을 참을 수 없어 고꾸라질 듯이 마구 웃다.
	예 아이들은 농담에 **허리를 잡고** 웃어 댔다.
	동 허리가 끊어지다, 허리를 쥐고 웃다

다음 뜻풀이에 해당하는 관용구를 <보기>에서 골라 쓰시오.

─── 〈보기〉 ───
경종을 울리다, 귀가 가렵다, 산통을 깨다, 침 발라 놓다

01 자기 소유임을 표시하다. [   ] 2번 출제
02 남이 제 말을 한다고 느끼다. [   ] 2번 출제
03 다 잘되어 가던 일을 이루지 못하게 뒤틀다. [   ] 2번 출제
04 잘못이나 위험을 미리 경계하여 주의를 환기시키다. [   ] 2번 출제

정답 | **01** 침 발라 놓다   **02** 귀가 가렵다   **03** 산통을 깨다   **04** 경종을 울리다

POINT 17   I. 어휘
단위를 나타내는 말

출제빈도 ★

수지쌤의 비법   단위를 나타내는 말 중에는 지금 우리가 자주 쓰지 않는 표현들도 있어서 꼼꼼히 살펴 둘 필요가 있습니다. 또한 단위어는 모두 명사로, 숫자와 어울려 쓰는 경우가 아닌 한 반드시 띄어 써야 한다는 점을 염두에 두세요.

1 단위어

단위어	의미
가리	곡식이나 장작 따위의 더미를 세는 단위. 한 가리=20단
거리	오이나 가지 따위를 묶어 세는 단위. 한 거리=50개
꾸러미	달걀 열 개를 묶어 세는 단위.
두름	1. 조기 따위의 물고기를 짚으로 한 줄에 열 마리씩 두 줄로 엮은 것을 세는 단위. 2. 고사리 따위의 산나물을 열 모숨(줌) 정도로 엮은 것을 세는 단위.
뭇	생선(미역)을 묶어 세는 단위. 한 뭇=생선 10마리/미역 10장
사리 ☆	국수, 새끼, 실 따위의 뭉치를 세는 단위.
쌈	바늘을 묶어 세는 단위. 한 쌈=24개
우리	기와를 세는 단위. 한 우리=2,000장
접	채소나 과일 따위를 묶어 세는 단위. 한 접=100개
죽	옷, 그릇 따위의 열 벌을 묶어 세는 단위.
축	오징어를 묶어 세는 단위. 한 축=20마리
쾌	북어를 묶어 세거나 엽전을 묶어 세던 단위. 한 쾌=북어 20마리/엽전 10냥
톳	김을 묶어 세는 단위. 한 톳=100장

기출로 바로 체크

밑줄 친 단위어의 쓰임이 적절한 것은 ○, 적절하지 않은 것은 × 표시하시오.

01 국수 한 <u>두름</u> 추가해 주세요. (○, ×)   2번 출제
02 아버지께서 북어 두 <u>쾌</u>를 보내 주셨다. (○, ×)   1번 출제

정답 | **01** ×, 사리   **02** ○

I. 어휘
사람과 관련된 말

출제빈도 ★

수지쌤의 비법

사람과 관련된 말은 사람의 외양이나 행동, 성격을 드러내는 표현이나, 나이를 나타내는 말에서 주로 출제됩니다. 효과적으로 암기하기 위해 각각의 어휘의 의미를 살펴보면서 주변 인물이나 영화 속 인물을 떠올려 보세요.

1 사람과 관련된 고유어

단어	의미
가납사니 ☆	1. 쓸데없는 말을 지껄이기 좋아하는 수다스러운 사람. 2. 말다툼을 잘하는 사람.
고명딸	아들 많은 집의 외딸.
고삭부리	1. 음식을 많이 먹지 못하는 사람. 2. 몸이 약하여서 늘 병치레를 하는 사람.
구나방	말이나 행동이 모질고 거칠고 사나운 사람을 이르는 말.
늦깎이	1. 나이가 많이 들어서 승려가 된 사람. 　⑲ 올깎이 2. 나이가 많이 들어서 어떤 일을 시작한 사람. 3. 남보다 늦게 사리를 깨치는 일. 또는 그런 사람.
만무방	1. 염치가 없이 막된 사람. 2. 아무렇게나 생긴 사람.
트레바리	이유 없이 남의 말에 반대하기를 좋아함. 또는 그런 성격을 지닌 사람.
곰살궂다 ☆	1. 태도나 성질이 부드럽고 친절하다. 2. 꼼꼼하고 자세하다.
무람없다	예의를 지키지 않으며 삼가고 조심하는 것이 없다.

단어	나이	의미
충년(沖年)	10세	열 살 안팎의 어린 나이.
지학(志學)	15세	열다섯 살을 달리 이르는 말. 공자가 열다섯 살에 학문에 뜻을 두었다고 한 데서 나온 말이다.
묘령(妙齡)	20세(여)	스무 살 안팎의 여자 나이. (통) 묘년(妙年)
약관(弱冠)	20세	스무 살을 달리 이르는 말. 공자가 스무 살에 관례를 하다고 한 데서 나온 말이다.
이립(而立)	30세	서른 살을 달리 이르는 말. 공자가 서른 살에 자립했다고 한 데서 나온 말이다.
불혹(不惑)	40세	마흔 살을 달리 이르는 말. 공자가 마흔 살부터 세상일에 미혹되지 않았다고 한 데서 나온 말이다.
지천명(知天命)	50세	쉰 살을 달리 이르는 말. 공자가 쉰 살에 하늘의 뜻을 알았다고 한 데서 나온 말이다. (유) 지명(知命), 애년(艾年)
이순(耳順)	60세	예순 살을 달리 이르는 말. 공자가 예순 살부터 생각하는 것이 원만하여 어떤 일을 들으면 곧 이해가 된다고 한 데서 나온 말이다.
환갑(還甲)	61세	육십갑자의 '갑(甲)'으로 되돌아온다는 뜻으로, 예순한 살을 이르는 말. (통) 화갑(華甲), 회갑(回甲)　　(유) 망칠(望七)
종심(從心)	70세	일흔 살을 달리 이르는 말. 공자가 '칠십이종심소욕불유구(七十而從心所欲不踰矩)'라고 한 것에서 유래한다. (유) 고희(古稀), 희수(稀壽), 희년(稀年)

기출로 바로 체크

다음 설명 중 적절한 것은 ○, 적절하지 않은 것은 × 표시하시오.

01 '불혹(不惑)'은 예순 살을 달리 이르는 말이다. (○, ×) 1번 출제
02 '만무방'은 '쓸데없는 말을 지껄이기 좋아하는 수다스러운 사람'을 뜻한다. (○, ×) 2번 출제

정답 | **01** ×, 이순(耳順)　　**02** ×, 가납사니

> **수지쌤의 비법** 남한 어휘와 달리 북한 어휘는 한자어와 외래어를 고유어로 표현하는 경우가 많습니다. 또한 남한과 북한의 문화가 달라서 생기는 어감의 차이도 있으니, 낯선 표현에 익숙해질 수 있도록 눈에 띄는 어휘를 중심으로 암기해 보세요.

1 남북한의 어휘 비교

구분	남한어	북한어	구분	남한어	북한어
1	가발	덧머리	18	뉘앙스	뉴앙스, 뜻빛갈
2	가위바위보	가위주먹	19	다이빙	뛰여들기
3	검문소	차단소	20	대법원	중앙재판소
4	결빙	얼음얼이	21	도넛	가락지빵
5	경보	걷기경기	22	뚝배기	툭수리
6	계란	닭알	23	로터리	도는네거리, 로타리
7	골키퍼	문지기	24	리듬 체조	예술체조
8	공무원	정무원	25	만화영화	그림영화
9	공중 회전	허공돌기	26	멀리뛰기	너비뛰기
10	귀고리	귀에고리	27	명령문	시킴문
11	기역	기윽	28	모눈종이	채눈종이
12	꾀병	건병	29	물구나무서기	거꾸로서기
13	꿈나라	잠나라	30	반딧불이	불벌레
14	끼니	때식	31	버튼	자동단추
15	내야수	내야수, 안마당지기	32	벌집	벌둥지
16	냉대하다	랭대하다, 미우다	33	벙어리 장갑	통장갑
17	노크	손기척	34	벼락부자	갑작부자

35	볶음밥	기름밥	53	정사각형	바른사각형
36	볼펜	원주필	54	정삼각형	바른삼각형
37	부력	뜰힘	55	주민등록증	공민증
38	빙수	단얼음	56	진열대	벌림대, 진렬대
39	산책로	거님길, 유보도	57	초등학교	소학교
40	상형문자	모양글자	58	탄성	튐성
41	셋방살이	동거살이, 세방살이	59	팬터마임	몸짓극
42	숙달	익달	60	표준어	문화어
43	시각	보는각	61	한약	동약
44	압정	납작못	62	해코지	남잡이
45	오전	낮전	63	허우대	키대
46	오후	낮뒤	64	화장실	위생실
47	우울증	슬픔증	65	활용형	풀이형
48	유모차	애기차	66	회전 의자	둥글의자
49	은유법	말바꿈법	67	후광	빛너울
50	의식주	식의주, 의식주	68	훈제	내굴찜
51	의태어	모양본딴말	69	휴화산	멎은화산
52	잡곡밥	얼럭밥	70	흡수성	포수성

기출로 바로 체크

빈칸에 들어갈 적절한 남한어와 북한어를 쓰시오.

자음 'ㄱ' ┌ **01** 남한어 [   ] 1번 출제
        └ **02** 북한어 [   ] 1번 출제

정답 | 01 기역 **02** 기윽

II. 어법

POINT 20~50

II. 어법
한글 맞춤법-소리에 관한 것

출제빈도 ★★

수지쌤의
비법

'소리'가 핵심입니다. 즉, 표기와 발음이 같은지 다른지를 살펴보는 것이 관건이죠. 따라서 각 조항의 예시를 반복적으로 읽어 보면서 표기와 소리를 비교해 보는 것이 가장 좋은 방법이에요!

1 제5항 ☆

한 단어 안에서 뚜렷한 까닭 없이 나는 된소리는 다음 음절의 첫소리를 된소리로 적는다.

1. 두 모음 사이에서 나는 된소리

소쩍새	어깨	오빠	으뜸
아끼다	기쁘다	깨끗하다	어떠하다
해쓱하다	가끔	거꾸로	부썩
어찌	이따금		

2. 'ㄴ, ㄹ, ㅁ, ㅇ' 받침 뒤에서 나는 된소리

산뜻하다	잔뜩	살짝	훨씬
담뿍	움찔	몽땅	엉뚱하다

다만, 'ㄱ, ㅂ' 받침 뒤에서 나는 된소리는, 같은 음절이나 비슷한 음절이 겹쳐 나는 경우가 아니면 된소리로 적지 아니한다.

국수	깍두기	딱지	색시
싹둑(~싹둑)	법석	갑자기	몹시

> 🌀 **이해쏙쏙 배경지식**
>
> **한글 맞춤법 제5항 보충 설명**
>
> **한 단어**란 하나의 형태소로 이루어진 단어를 뜻하는 것이다. 예를 들어 '소쩍-새'는 '소쩍'과 '새', 두 개의 형태소로 이루어진 단어이지만, 된소리 문제는 그중 한 형태소인 '소쩍'에만 해당하는 것이다.
>
> **뚜렷한 까닭 없이 나는 된소리**란 발음에 있어서 경음화의 규칙성이 적용되는 조건(환경)이 아님을 말하는 것이다.

2 제6항

'ㄷ, ㅌ' 받침 뒤에 종속적 관계를 가진 '-이(-)'나 '-히-'가 올 적에는 그 'ㄷ, ㅌ'이 'ㅈ, ㅊ'으로 소리 나더라도 'ㄷ, ㅌ'으로 적는다.

맏이	해돋이	굳이	같이	끝이
핥이다	걷히다	닫히다	묻히다	

이해쏙쏙 배경지식

종속적(從屬的) 관계

형태소 연결에 있어서 실질 형태소인 체언, 어근, 용언 어간 등에 형식 형태소인 조사, 접미사, 어미 등이 결합하는 관계를 말한다. 즉, 실질 형태소에 형식 형태소를 결합한 관계를 종속적 관계라고 부르는 것이다.

3 제7항

'ㄷ' 소리로 나는 받침 중에서 'ㄷ'으로 적을 근거가 없는 것은 'ㅅ'으로 적는다.

덧저고리	돗자리	엇셈	웃어른	핫옷	무릇	사뭇
얼핏	자칫하면	뭇[衆]	옛	첫	헛	

이해쏙쏙 배경지식

한글 맞춤법 제7항 보충 설명

'ㄷ' 소리로 나는 받침이란, 음절 끝소리로 발음될 때 [ㄷ]으로 실현되는 'ㄷ, ㅅ, ㅆ, ㅈ, ㅊ, ㅌ, ㅎ' 등을 말한다. 'ㄷ'으로 적을 근거가 없는 것이란, 그 형태소가 'ㄷ' 받침을 가지지 않는 것을 말한다.

'ㄷ'으로 적을 근거가 있는 것	형태소가 'ㄷ' 받침을 가지고 있는 것		'ㄹ' 소리와 연관되어 'ㄷ'으로 소리 나는 것
	걷-잡다		반짇-고리 ┗ 한글 맞춤법 제29항
	곧-장		사흘-날
	돋-보다(← 도두보다)		숟-가락

'ㄷ'으로 적을 근거가 없는 것	형태소가 'ㄷ' 받침을 가지지 않는 것			
	햇-곡식	걸핏-하면	그-까짓	기껏
	놋-그릇	덧-셈	빗장	삿대
	숫-접다	자칫	짓-밟다	풋-고추

'계, 례, 몌, 폐, 혜'의 'ㅖ'는 'ㅔ'로 소리 나는 경우가 있더라도 'ㅖ'로 적는다.

계수(桂樹)	사례(謝禮)	연몌(連袂)	폐품(廢品)
혜택(惠澤)	계집	핑계	계시다

다만, 다음 말은 본음대로 적는다.

게송(偈頌)	게시판(揭示板)	휴게실(休憩室)

'의'나, 자음을 첫소리로 가지고 있는 음절의 'ㅢ'는 'ㅣ'로 소리 나는 경우가 있더라도 'ㅢ'로 적는다.

의의(意義)	본의(本義)	무늬[紋]	보늬	오늬	하늬바람	늴리리
닁큼	띄어쓰기	씌어	틔어	희망(希望)	희다	유희(遊戲)

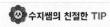

🌸 수지쌤의 친절한 TIP

단어의 첫음절 이외의 '의'는 [이]로, 조사 '의'는 [에]로 발음할 수 있어요.
예 · 주의[주의/주이]
· 우리의[우리의/우리에]

한자음 '녀, 뇨, 뉴, 니'가 단어 첫머리에 올 적에는, 두음 법칙에 따라 '여, 요, 유, 이'로 적는다.

여자(女子)	연세(年歲)	요소(尿素)	유대(紐帶)
이토(泥土)	익명(匿名)		

다만, 다음과 같은 의존 명사에서는 '냐, 녀' 음을 인정한다.

냥(兩)	냥쭝(兩-)	년(年)(몇 년)

[붙임 1] 단어의 첫머리 이외의 경우에는 본음대로 적는다.

남녀(男女)	당뇨(糖尿)	결뉴(結紐)	은닉(隱匿)

[붙임 2] 접두사처럼 쓰이는 한자가 붙어서 된 말이나 합성어에서, 뒷말의 첫소리가 'ㄴ' 소리로 나더라도 두음 법칙에 따라 적는다.

신여성(新女性)　　　　공염불(空念佛)

[붙임 3] 둘 이상의 단어로 이루어진 고유 명사를 붙여 쓰는 경우에도 붙임 2에 준하여 적는다.

한국여자대학　　　　대한요소비료회사

7 제11항 ☆

한자음 '랴, 려, 례, 료, 류, 리'가 단어의 첫머리에 올 적에는, 두음 법칙에 따라 '야, 여, 예, 요, 유, 이'로 적는다.

양심(良心)　　　　역사(歷史)　　　　예의(禮儀)　　　　용궁(龍宮)
유행(流行)　　　　이발(理髮)

다만, 다음과 같은 의존 명사는 본음대로 적는다.

리(里)	몇 리나?	리(理)	그럴 리가 없다.

[붙임 1] 단어의 첫머리 이외의 경우에는 본음대로 적는다.

개량(改良)　　　　선량(善良)　　　　수력(水力)　　　　협력(協力)
사례(謝禮)　　　　혼례(婚禮)　　　　와룡(臥龍)　　　　쌍룡(雙龍)
하류(下流)　　　　급류(急流)　　　　도리(道理)　　　　진리(眞理)

다만, 모음이나 'ㄴ' 받침 뒤에 이어지는 '렬, 률'은 '열, 율'로 적는다.

나열(羅列)　　치열(齒列)　　비열(卑劣)　　규율(規律)　　비율(比率)　　실패율(失敗率)
분열(分裂)　　선열(先烈)　　진열(陳列)　　선율(旋律)　　전율(戰慄)　　백분율(百分率)

[붙임 2] 외자로 된 이름을 성에 붙여 쓸 경우에도 본음대로 적을 수 있다.

신립(申砬)　　　　최린(崔麟)　　　　채륜(蔡倫)　　　　하륜(河崙)

[붙임 3] 준말에서 본음으로 소리 나는 것은 본음대로 적는다.

국련(국제 연합)　　　　　한시련(한국 시각 장애인 연합회)

[붙임 4] 접두사처럼 쓰이는 한자가 붙어서 된 말이나 합성어에서, 뒷말의 첫소리가 'ㄴ' 또는 'ㄹ' 소리로 나더라도 두음 법칙에 따라 적는다.

역이용(逆利用)　　　연이율(年利率)　　　열역학(熱力學)　　　해외여행(海外旅行)

[붙임 5] 둘 이상의 단어로 이루어진 고유 명사를 붙여 쓰는 경우나 십진법에 따라 쓰는 수(數)도 붙임 4에 준하여 적는다.

서울여관　　　　　신흥이발관　　　　　육천육백육십육(六千六百六十六)

8 제12함

한자음 '라, 래, 로, 뢰, 루, 르'가 단어의 첫머리에 올 적에는, 두음 법칙에 따라 '나, 내, 노, 뇌, 누, 느'로 적는다.

낙원(樂園)　　내일(來日)　　노인(老人)　　뇌성(雷聲)　　누각(樓閣)　　능묘(陵墓)

[붙임 1] 단어의 첫머리 이외의 경우에는 본음대로 적는다.

쾌락(快樂)	극락(極樂)	거래(去來)	왕래(往來)
부로(父老)	연로(年老)	지뢰(地雷)	낙뢰(落雷)
고루(高樓)	광한루(廣寒樓)	동구릉(東九陵)	가정란(家庭欄)

[붙임 2] 접두사처럼 쓰이는 한자가 붙어서 된 단어는 뒷말을 두음 법칙에 따라 적는다.

내내월(來來月)　　　상노인(上老人)　　　중노동(重勞動)　　　비논리적(非論理的)

> 😈 **수지쌤의 친절한 TIP**
>
> '가정란(家庭欄)', '독자란(讀者欄)', '비고란(備考欄)'의 '란(欄)'은 한자어 뒤에 결합하여 하나의 단어로 인식되지 않기 때문에 두음 법칙이 적용되지 않아 '란'으로 적으며, '어린이-난', '가십(gossip)-난'에서는 고유어와 외래어 뒤에서 '란(欄)'이 하나의 단어로 인식되기 때문에 두음 법칙을 적용하여 '난'으로 적어요.

9 제13항 ☆

한 단어 안에서 같은 음절이나 비슷한 음절이 겹쳐 나는 부분은 같은 글자로 적는다.

딱딱	꼿꼿하다
쌕쌕	놀놀하다
씩씩	눅눅하다
똑딱똑딱	밋밋하다
쓱싹쓱싹	싹싹하다
연연불망(戀戀不忘)	쌉쌀하다
유유상종(類類相從)	씁쓸하다
누누이(屢屢—)	짭짤하다

> 🌼 **수지쌤의 친절한 TIP**
>
> 본음대로 적는 경우도 있어요.
> 낭랑(朗朗)하다   냉랭(冷冷)하다   녹록(碌碌)하다
> 늠름(凜凜)하다   연년생(年年生)   염념불망(念念不忘)
> 역력(歷歷)하다   인린(燐燐)하다

기출로 바로 체크

밑줄 친 부분이 적절한 것은 ○, 적절하지 않은 것은 × 표시하시오.

01 머리를 <u>싹뚝</u> 잘랐다. (○, ×) 2번 출제
02 수치를 <u>백분율</u>로 나타냈다. (○, ×) 4번 출제
03 못을 두드리는 소리가 <u>뚝닥뚝닥</u> 들렸다. (○, ×) 2번 출제

정답 | 01 ×, 싹둑   02 ○   03 ×, 똑딱똑딱

한글 맞춤법-형태에 관한 것 출제빈도 ★★★★

> **수지쌤의 비법**
> 같은 단어라도 의미와 환경에 따라 '형태'가 달라지기도 해요. 따라서 변화 양상을 하나하나 확인하고 각 의미를 살펴보면서 한두 번 써 보는 것만으로도 큰 도움이 됩니다.

1 제15항

용언의 어간과 어미는 구별하여 적는다.

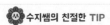

먹다   먹고   먹어   먹으니

> 🔅 **수지쌤의 친절한 TIP**
>
> **'용언'의 정의**
> 용언은 문장에서 서술어의 기능을 하는 동사, 형용사를 통틀어 이르는 말로 어간에 여러 가지 어미가 결합하는 활용을 하며, 이를 통해 문장의 시제나 높임 정도를 나타내요.

[붙임 1] 두 개의 용언이 어울려 한 개의 용언이 될 적에, 앞말의 본뜻이 유지되고 있는 것은 그 원형을 밝히어 적고, 그 본뜻에서 멀어진 것은 밝히어 적지 아니한다.

용언 A + 용언 B ↓ 용언 C	(1) 앞말의 본뜻이 유지되고 있는 것	원형을 밝히어 적음	넘어지다 들어가다	늘어나다 떨어지다	돌아가다 벌어지다
	(2) 본뜻에서 멀어진 것	소리 나는 대로 표기	드러나다	사라지다	쓰러지다

[붙임 2] 종결형에서 사용되는 어미 '-오'는 '요'로 소리 나는 경우가 있더라도 그 원형을 밝혀 '오'로 적는다.

이것은 책이오.   이리로 오시오.   이것은 책이 아니오.

[붙임 3] 연결형에서 사용되는 '이요'는 '이요'로 적는다.

이것은 책이요, 저것은 붓이요, 또 저것은 먹이다.

> 🔅 **이해쏙쏙 배경지식**
>
> **한글 맞춤법 제15항 보충 설명**
> 어간과 어미를 '구별'해서 적는다는 것은 소리 나는 대로 적지 않고, 형태소의 본모양을 밝혀 어법에 맞게 적는다는 것이다.

2 제17항

어미 뒤에 덧붙는 조사 '요'는 '요'로 적는다.

읽어 참으리 + '요' 좋지	⇨	읽어요 참으리요 좋지요

> **🌸이해쏙쏙 배경지식**
>
> **보조사 '요'**
>
> '-아/-어', '-(으)리', '-지'와 같은 종결 어미 뒤에 결합한 '요'는 청자에게 존대의 뜻을 나타내는 보조사이다.

3 제18항 ☆

다음과 같은 용언들은 어미가 바뀔 경우, 그 어간이나 어미가 원칙에 벗어나면 벗어나는 대로 적는다.

1. 어간의 끝 'ㄹ'이 줄어질 적

갈다	가니	간	갑니다	가시다	가오
놀다	노니	논	놉니다	노시다	노오
불다	부니	분	붑니다	부시다	부오
둥글다	둥그니	둥근	둥급니다	둥그시다	둥그오
어질다	어지니	어진	어집니다	어지시다	어지오

2. 어간의 끝 'ㅅ'이 줄어질 적

긋다	그어	그으니	그었다
낫다	나아	나으니	나았다
잇다	이어	이으니	이었다
짓다	지어	지으니	지었다

3. 어간의 끝 'ㅎ'이 줄어질 적

그렇다	그러니	그럴	그러면	그러오
까맣다	까마니	까말	까마면	까마오
동그랗다	동그라니	동그랄	동그라면	동그라오
퍼렇다	퍼러니	퍼럴	퍼러면	퍼러오
하얗다	하야니	하얄	하야면	하야오

4. 어간의 끝 'ㅜ, ㅡ'가 줄어질 적

푸다	퍼	펐다	담그다	담가	담갔다
뜨다	떠	떴다	고프다	고파	고팠다
끄다	꺼	껐다	따르다	따라	따랐다
크다	커	컸다	바쁘다	바빠	바빴다

5. 어간의 끝 'ㄷ'이 'ㄹ'로 바뀔 적

걷다[步]	걸어	걸으니	걸었다
듣다[聽]	들어	들으니	들었다
묻다[問]	물어	물으니	물었다
싣다[載]	실어	실으니	실었다

6. 어간의 끝 'ㅂ'이 'ㅜ'로 바뀔 적

깁다	기워	기우니	기웠다
굽다[炙]	구워	구우니	구웠다
가깝다	가까워	가까우니	가까웠다
괴롭다	괴로워	괴로우니	괴로웠다
맵다	매워	매우니	매웠다
무겁다	무거워	무거우니	무거웠다
밉다	미워	미우니	미웠다
쉽다	쉬워	쉬우니	쉬웠다

다만, '돕-, 곱-'과 같은 단음절 어간에 어미 '-아'가 결합되어 '와'로 소리 나는 것은 '-와'로 적는다.

돕다[助]	도와	도와서	도와도	도왔다
곱다[麗]	고와	고와서	고와도	고왔다

7. '하다'의 활용에서 어미 '-아'가 '-여'로 바뀔 적

하다	하여	하여서	하여도	하여라	하였다

8. 어간의 끝음절 '르' 뒤에 오는 어미 '-어'가 '-러'로 바뀔 적

이르다[至]	이르러	이르렀다	노르다	노르러	노르렀다
누르다	누르러	누르렀다	푸르다	푸르러	푸르렀다

9. 어간의 끝음절 '르'의 'ㅡ'가 줄고, 그 뒤에 오는 어미 '-아/-어'가 '-라/-러'로 바뀔 적

가르다	갈라	갈랐다	부르다	불러	불렀다
거르다	걸러	걸렀다	오르다	올라	올랐다
구르다	굴러	굴렀다	이르다	일러	일렀다
벼르다	별러	별렀다	지르다	질러	질렀다

> 🌼 **이해쏙쏙 배경지식**
>
> **한글 맞춤법 제18항 보충 설명**
> '원칙에 벗어나면'에는 세 가지 경우가 있다.
> ① 어간의 모양이 달라지는 것
> ② 어미의 모양이 달라지는 것
> ③ 어간과 어미의 모양이 달라지는 것

어간에 '-이'나 '-음/-ㅁ'이 붙어서 명사로 된 것과 '-이'나 '-히'가 붙어서 부사로 된 것은 그 어간의 원형을 밝히어 적는다.

1. '-이'가 붙어서 명사로 된 것	길이	깊이	높이	다듬이
	땀받이	달맞이	먹이	미닫이
	벌이	벼훑이	살림살이	쇠붙이
2. '-음/-ㅁ'이 붙어서 명사로 된 것	걸음	묶음	믿음	얼음
	엮음	울음	웃음	졸음
	죽음	앎		
3. '-이'가 붙어서 부사로 된 것	같이	굳이	길이	높이
	많이	실없이	좋이	짓궂이
4. '-히'가 붙어서 부사로 된 것	밝히	익히	작히	

다만, 어간에 '-이'나 '-음'이 붙어서 명사로 바뀐 것이라도 그 어간의 뜻과 멀어진 것은 원형을 밝히어 적지 아니한다.

굽도리	다리[髢]	목거리(목병)	무녀리
코끼리	거름(비료)	고름[膿]	노름(도박)

[붙임] 어간에 '-이'나 '-음' 이외의 모음으로 시작된 접미사가 붙어서 다른 품사로 바뀐 것은 그 어간의 원형을 밝히어 적지 아니한다.

(1) 명사로 바뀐 것	귀머거리	까마귀	너머	뜨더귀
	마감	마개	마중	무덤
	비렁뱅이	쓰레기	올가미	주검
(2) 부사로 바뀐 것	거뭇거뭇	너무	도로	뜨덤뜨덤
	바투	불긋불긋	비로소	오긋오긋
	자주	차마		
(3) 조사로 바뀌어 뜻이 달라진 것	나마	부터	조차	

> **이해쏙쏙 배경지식**
>
> **접미사 '-이', '-(으)ㅁ', '-이', '-히'**
> 어간에 붙어서 단어의 품사를 명사로 바꾸는 '-이', '-(으)ㅁ'은 명사 파생 접미사, 부사로 바꾸는 '-이', '-히'는 부사 파생 접미사이다.

5 제20항 ☆

명사 뒤에 '-이'가 붙어서 된 말은 그 명사의 원형을 밝히어 적는다.

1. 부사로 된 것	곳곳이	낱낱이	몫몫이	샅샅이	앞앞이	집집이
2. 명사로 된 것	곰배팔이	바둑이	삼발이	애꾸눈이	육손이	
	절뚝발이/절름발이					

[붙임] '-이' 이외의 모음으로 시작된 접미사가 붙어서 된 말은 그 명사의 원형을 밝히어 적지
아니한다.

꼬락서니	끄트머리	모가치	바가지	바깥	사타구니
싸라기	이파리	지붕	지푸라기	짜개	

> 🌸 **이해쏙쏙 배경지식**
>
> **명사 + 접미사 '-이'**
>
> 명사에 접미사 '-이'가 결합하여 부사나 명사가 되는 경우에도, 명사의 본모양을 밝히어 적는다.
>
> 1. 명사+부사 파생 접미사 '-이' → 부사
>
> | 간간이 | 겹겹이 | 길길이 | 눈눈이 | 땀땀이 | 번번이 |
> |---|---|---|---|---|---|
> | 사람사람이 | 옆옆이 | 줄줄이 | 참참이 | 철철이 | 첩첩이 |
> | 틈틈이 | 나날이 | 다달이 | 골골샅샅이 | 구구절절이 | 사사건건이 |
>
> 2. 명사+명사 파생 접미사 '-이' → 명사
>
> | 고리눈이 | 맹문이 | 안달이 | 얌전이 | 억척이 | 점잔이 |
> |---|---|---|---|---|---|
> | 퉁방울이 | 우걱뿔이 | | | | |

6 제21항 ☆

명사나 혹은 용언의 어간 뒤에 자음으로 시작된 접미사가 붙어서 된 말은 그 명사나 어
간의 원형을 밝히어 적는다.

1. 명사 뒤에 자음으로 시작된 접미사가 붙어서 된 것

값지다	홑지다	넋두리
빛깔	옆댕이	잎사귀

2. 어간 뒤에 자음으로 시작된 접미사가 붙어서 된 것

낚시	늙정이	덮개	뜯게질
갉작갉작하다	갉작거리다	뜯적거리다	뜯적뜯적하다
굵다랗다	굵직하다	깊숙하다	넓적하다
높다랗다	늙수그레하다	얽죽얽죽하다	

다만, 다음과 같은 말은 소리대로 적는다.

(1) 겹받침의 끝소리가 드러나지 아니하는 것

할짝거리다	널따랗다	널찍하다	말끔하다
말쑥하다	말짱하다	실쭉하다	실큼하다
얄따랗다	얄팍하다	짤따랗다	짤막하다
실컷			

(2) 어원이 분명하지 아니하거나 본뜻에서 멀어진 것

넙치	올무	골막하다	납작하다

🌸 수지쌤의 친절한 TIP

파생어에서 겹받침의 발음과 표기

1. 겹받침에서 뒤엣것이 발음될 때: 어간의 형태를 밝혀 표기
   예 굵다랗다([국-]), 굵적거리다([극-]), 늙수그레하다([늑-]), 넓적하다([넙-])
2. 겹받침에서 앞엣것이 발음될 때: 소리 나는 대로 표기
   예 할짝거리다(핥[할]-), 말끔하다(맑[말]-), 실쭉하다(싫[실]-), 널따랗다(넓[널]-)

---

7 제22항

용언의 어간에 다음과 같은 접미사들이 붙어서 이루어진 말들은 그 어간을 밝히어 적는다.

1. '-기-, -리-, -이-, -히-, -구-, -우-, -추-, -으키-, -이키-, -애-'가 붙는 것

맡기다	옮기다	웃기다	쫓기다	뚫리다	울리다
낚이다	쌓이다	핥이다	굳히다	굽히다	넓히다
앉히다	얽히다	잡히다	돋구다	솟구다	돋우다
갖추다	곧추다	맞추다	일으키다	돌이키다	없애다

다만, '-이-, -히-, -우-'가 붙어서 된 말이라도 본뜻에서 멀어진 것은 소리대로 적는다.

도리다(칼로 ~)	드리다(용돈을 ~)	고치다	바치다(세금을 ~)
부치다(편지를 ~)	거두다	미루다	이루다

2. '-치-, -뜨리-, -트리-'가 붙는 것

놓치다	덮치다	떠받치다	받치다	밭치다
부딪치다	뻗치다	엎치다	부딪뜨리다/부딪트리다	
쏟뜨리다/쏟트리다	젖뜨리다/젖트리다	찢뜨리다/찢트리다	흩뜨리다/흩트리다	

[붙임] '-업-, -읍-, -브-'가 붙어서 된 말은 소리대로 적는다.

미덥다	우습다	미쁘다

🌸 이해쏙쏙 배경지식

한글 맞춤법 제22항 보충 설명

어간에 사동이나 피동 접미사가 결합하여 사동사나 피동사가 된 경우 사동사와 피동사라는 점과 어간의 의미를 쉽게 파악하기 위해 어간과 접미사의 형태를 밝혀 적는다. 다만 이러한 접미사가 결합한 경우라도 어간의 본뜻과 멀어진 경우에는 소리 나는 대로 적는다.

---

8 제23항

'-하다'나 '-거리다'가 붙는 어근에 '-이'가 붙어서 명사가 된 것은 그 원형을 밝히어 적는다.

깔쭉이	꿀꿀이	눈깜짝이	더펄이	배불뚝이	삐죽이
살살이	쌕쌕이	오뚝이	코납작이	푸석이	홀쭉이

[붙임] '-하다'나 '-거리다'가 붙을 수 없는 어근에 '-이'나 또는 다른 모음으로 시작되는 접미사가 붙어서 명사가 된 것은 그 원형을 밝히어 적지 아니한다.

개구리	귀뚜라미	기러기	깍두기	꽹과리	날라리
누더기	동그라미	두드러기	딱따구리	매미	부스러기
뻐꾸기	얼루기	칼싹두기			

9 제25항 ☆

'-하다'가 붙는 어근에 '-히'나 '-이'가 붙어서 부사가 되거나, 부사에 '-이'가 붙어서 뜻을 더하는 경우에는 그 어근이나 부사의 원형을 밝히어 적는다.

1. '-하다'가 붙는 어근에 '-히'나 '-이'가 붙는 경우

급히	꾸준히	도저히	딱히	어렴풋이	깨끗이

[붙임] '-하다'가 붙지 않는 경우에는 소리대로 적는다.

갑자기	반드시(꼭)	슬며시

2. 부사에 '-이'가 붙어서 역시 부사가 되는 경우

곰곰이   더욱이   생긋이   오뚝이   일찍이   해죽이

 이해쏙쏙 배경지식

한글 맞춤법 제25항 보충 설명

'-하다'가 붙는 어근이란, '급(急)하다, 꾸준하다, 깨끗하다'의 '급, 꾸준, 깨끗'처럼 접미사 '-하다'가 결합할 수 있는 어근을 말한다. 그리고 부사에 '-이'가 붙어서 뜻을 더하는 경우란, 품사는 바뀌지 않으면서 발음 습관에 따라, 혹은 감정적 의미를 더하기 위하여, 독립적인 부사 형태에 '-이'가 결합하는 형식을 말한다.

한글 맞춤법 제51항

부사의 끝음절이 분명히 '이'로만 나는 것은 '-이'로 적고, '히'로만 나거나 '이'나 '히'로 나는 것은 '-히'로 적는다.

1. '이'로만 나는 것

가붓이	깨끗이	나붓이	느긋이	둥긋이	따뜻이
반듯이	버젓이	산뜻이	의젓이	가까이	고이
날카로이	대수로이	번거로이	많이	적이	헛되이
겹겹이	번번이	일일이	집집이	틈틈이	

2. '히'로만 나는 것

극히	급히	딱히	속히	작히	족히
특히	엄격히	정확히			

3. '이, 히'로 나는 것

솔직히	가만히	간편히	나른히	상당히	무단히
각별히	소홀히	쓸쓸히	조용히	정결히	과감히
꼼꼼히	심히	간소히	열심히	급급히	답답히
섭섭히	고요히	공평히	능히	당당히	분명히
도저히					

수지쌤의 친절한 TIP

해당 단어의 끝음절이 [이]로 발음되는지 [히]로 발음되는지를 우리가 정확하게 파악하기 어려운 경우가 많습니다. 따라서 대표적인 예를 익숙하게 만들어 두는 작업이 필요해요.

둘 이상의 단어가 어울리거나 접두사가 붙어서 이루어진 말은 각각 그 원형을 밝히어 적는다.

국말이	꺾꽂이	꽃잎	끝장	물난리	밑천
부엌일	싫증	옷안	웃옷	젖몸살	첫아들
칼날	팥알	헛웃음	홀아비	홑몸	흙내
값없다	겉늙다	굶주리다	낮잡다	맞먹다	받내다
벋놓다	빗나가다	빛나다	새파랗다	샛노랗다	시꺼멓다
싯누렇다	엇나가다	엎누르다	엿듣다	옻오르다	짓이기다
헛되다					

[붙임 1] 어원은 분명하나 소리만 특이하게 변한 것은 변한 대로 적는다.

할아버지	할아범

[붙임 2] 어원이 분명하지 아니한 것은 원형을 밝히어 적지 아니한다.

골병	골탕	끌탕	며칠
아재비	오라비	업신여기다	부리나케

[붙임 3] '이[齒, 虱]'가 합성어나 이에 준하는 말에서 '니' 또는 '리'로 소리 날 때에는 '니'로 적는다.

간니	덧니	사랑니	송곳니	톱니	틀니
앞니	어금니	윗니	젖니	가랑니	머릿니

> 🌼 **수지쌤의 친절한 TIP**
>
> 둘 이상의 단어(어근)가 결합하여 하나의 단어인 합성어가 되거나, 어근에 접두사가 결합하여 파생어가 될 때 어원이 분명하지 않거나 분명하더라도 이미 소리가 바뀐 경우에는 소리 나는 대로 적습니다. 또한 '이[齒, 虱]'와 관련된 합성어와 파생어의 경우 원형을 밝혀 적지 않아요.

끝소리가 'ㄹ'인 말과 딴 말이 어울릴 적에 'ㄹ' 소리가 나지 아니하는 것은 아니 나는 대로 적는다.

다달이(달-달-이)   따님(딸-님)   마되(말-되)   마소(말-소)
무자위(물-자위)   바느질(바늘-질)   부삽(불-삽)   부손(불-손)
싸전(쌀-전)   여닫이(열-닫이)   우짖다(울-짖다)   화살(활-살)

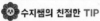

> 🌸 **수지쌤의 친절한 TIP**
>
> 한자 '불(不)'이 첫소리 'ㄷ, ㅈ' 앞에서 '부'로 읽히는 단어의 경우도
> 바뀐 대로('ㄹ'이 떨어진 대로) 적어요.
> 예 부정(不正, 不貞, 不定), 부당(不當), 부득이(不得已), 부조리(不條理),
> 부주의(不注意) ……

끝소리가 'ㄹ'인 말과 딴 말이 어울릴 적에 'ㄹ' 소리가 'ㄷ' 소리로 나는 것은 'ㄷ'으로 적는다.

반짇고리(바느질~)   사흗날(사흘~)   삼짇날(삼질~)   섣달(설~)
숟가락(술~)   이튿날(이틀~)   잗주름(잘~)   푿소(풀~)
섣부르다(설~)   잗다듬다(잘~)   잗다랗다(잘~)

사이시옷은 다음과 같은 경우에 받치어 적는다.

1. **순우리말로 된 합성어로서 앞말이 모음으로 끝난 경우**

   (1) 뒷말의 첫소리가 된소리로 나는 것

고랫재	귓밥	나룻배	나뭇가지	냇가
댓가지	뒷갈망	맷돌	머릿기름	모깃불
못자리	바닷가	뱃길	볏가리	부싯돌
선짓국	쇳조각	아랫집	우렁잇속	잇자국
잿더미	조갯살	찻집	쳇바퀴	킷값
핏대	햇볕	혓바늘		

(2) 뒷말의 첫소리 'ㄴ, ㅁ' 앞에서 'ㄴ' 소리가 덧나는 것

| 멧나물 | 아랫니 | 텃마당 | 아랫마을 | 뒷머리 |
| 잇몸 | 깻묵 | 냇물 | 빗물 | |

(3) 뒷말의 첫소리 모음 앞에서 'ㄴㄴ' 소리가 덧나는 것

| 도리깻열 | 뒷윷 | 두렛일 | 뒷일 | 뒷입맛 |
| 베갯잇 | 욧잇 | 깻잎 | 나뭇잎 | 댓잎 |

2. 순우리말과 한자어로 된 합성어로서 앞말이 모음으로 끝난 경우

(1) 뒷말의 첫소리가 된소리로 나는 것

귓병	머릿방	뱃병	봇둑	사잣밥
샛강	아랫방	자릿세	전셋집	찻잔
차종	촛국	콧병	탯줄	텃세
핏기	햇수	횟가루	횟배	

(2) 뒷말의 첫소리 'ㄴ, ㅁ' 앞에서 'ㄴ' 소리가 덧나는 것

| 곗날 | 제삿날 | 훗날 | 툇마루 | 양칫물 |

(3) 뒷말의 첫소리 모음 앞에서 'ㄴㄴ' 소리가 덧나는 것

| 가욋일 | 사삿일 | 예삿일 | 훗일 |

3. 두 음절로 된 다음 한자어

| 곳간(庫間) | 셋방(貰房) | 숫자(數字) |
| 찻간(車間) | 툇간(退間) | 횟수(回數) |

❀ **이해쏙쏙 배경지식**

사이시옷 표기

사이시옷은 합성어에서 나타나는 현상이므로 단일어나 파생어에서는 사이시옷이 나타나지 않는다. 따라서 합성어인 '햇빛'은 사이시옷을 쓰지만, 파생어인 '해님'은 '햇님'이 아닌 '해님'으로 표기한다. 또한 사이시옷을 받쳐 적으려면 합성어를 이루는 구성 요소 중 적어도 하나는 고유어여야 하고, 외래어가 있어서는 안 된다. 따라서 '초점(焦點)'과 같은 한자어나 '피자집'과 같은 외래어가 들어간 단어의 경우 사이시옷을 쓰지 않는다.

14 **제31항**

두 말이 어울릴 적에 'ㅂ' 소리나 'ㅎ' 소리가 덧나는 것은 소리대로 적는다.

1. 'ㅂ' 소리가 덧나는 것

    댑싸리(대ㅂ싸리)   멥쌀(메ㅂ쌀)   볍씨(벼ㅂ씨)   입때(이ㅂ때)

2. 'ㅎ' 소리가 덧나는 것

    머리카락(머리ㅎ가락)   살코기(살ㅎ고기)   수캐(수ㅎ개)
    수컷(수ㅎ것)   수탉(수ㅎ닭)   안팎(안ㅎ밖)
    암캐(암ㅎ개)   암컷(암ㅎ것)   암탉(암ㅎ닭)

> 🌼 **이해쏙쏙 배경지식**
>
> **'ㅂ'과 'ㅎ'이 덧나는 역사적 이유**
>
> '싸리[荊], 쌀[米], 씨[種], 때[時]' 등은 '쓰리, 쁠, 삐, 빼'와 같이 단어 첫머리에 'ㅂ' 음을 가지고 있었던 단어이고, '살[肌], 수[雄], 암[雌], 안[內]' 등도 옛말에서는 '솔ㅎ, 수ㅎ, 암ㅎ, 안ㅎ'과 같이 'ㅎ'을 지닌 말이었다.

15 **제38항** ☆

'ㅏ, ㅗ, ㅜ, ㅡ' 뒤에 '-이어'가 어울려 줄어질 적에는 준 대로 적는다.

본말	준말		본말	준말	
싸이어	쌔어	싸여	뜨이어	띄어	
보이어	뵈어	보여	쓰이어	씌어	쓰여
쏘이어	쐬어	쏘여	트이어	틔어	트여
누이어	뉘어	누여			

> 🌼 **이해쏙쏙 배경지식**
>
> **'ㅏ, ㅗ, ㅜ, ㅡ' + '-이어'의 형태**
>
> 어간 끝모음 'ㅏ, ㅗ, ㅜ, ㅡ' 뒤에 '-이어'가 결합하여 줄어들 때는 'ㅏ, ㅗ, ㅜ, ㅡ'와 '-이어'의 '이'가 하나의 음절로 줄어들 수도 있고, '-이어'가 하나의 음절로 줄어 '-여'가 될 수도 있다.
>
> 까이어 → 깨어/까여   꼬이어 → 꾀어/꼬여   쓰이어 → 씌어/쓰여   트이어 → 틔어/트여
> 누이어 → 뉘어/누여   (눈이, 귀가) 뜨이어 → 띄어/뜨여

16 제39항 ☆

어미 '-지' 뒤에 '않-'이 어울려 '-잖-'이 될 적과 '-하지' 뒤에 '않-'이 어울려 '-찮-'이 될 적에는 준 대로 적는다.

본말	준말	본말	준말
그렇지 않은	그렇잖은	만만하지 않다	만만찮다
적지 않은	적잖은	변변하지 않다	변변찮다

> 🌼 **수지쌤의 친절한 TIP**
>
> 원래 '-지 않-', '-치 않-'이 줄어들면 '잖', '찮'이 되지만 이미 한 단어로 굳이진 경우이므로 굳이 원형을 밝히지 않고 소리 나는 대로 '잖', '찮'으로 적어요.

17 제40항 ☆

어간의 끝음절 '하'의 'ㅏ'가 줄고 'ㅎ'이 다음 음절의 첫소리와 어울려 거센소리로 될 적에는 거센소리로 적는다.

본말	준말	본말	준말
간편하게	간편케	다정하다	다정타
연구하도록	연구토록	정결하다	정결타
가하다	가타	흔하다	흔타

[붙임 1] 'ㅎ'이 어간의 끝소리로 굳어진 것은 받침으로 적는다.

않다	않고	않지	않든지
그렇다	그렇고	그렇지	그렇든지
아무렇다	아무렇고	아무렇지	아무렇든지
어떻다	어떻고	어떻지	어떻든지
이렇다	이렇고	이렇지	이렇든지
저렇다	저렇고	저렇지	저렇든지

[붙임 2] 어간의 끝음절 '하'가 아주 줄 적에는 준 대로 적는다.

본말	준말	본말	준말
거북하지	거북지	생각하건대	생각건대
생각하다 못해	생각다 못해	깨끗하지 않다	깨끗지 않다
넉넉하지 않다	넉넉지 않다	못하지 않다	못지않다
섭섭하지 않다	섭섭지 않다	익숙하지 않다	익숙지 않다

[붙임 3] 다음과 같은 부사는 소리대로 적는다.

결단코	결코	기필코	무심코	아무튼	요컨대
정녕코	필연코	하마터면	하여튼	한사코	

밑줄 친 부분이 적절한 것은 ○, 적절하지 않은 것은 × 표시하시오.

01 곰곰이 생각하는 중이다. (○, ×) 5번 출제

02 고양이가 햇볕을 쬐고 있다. (○, ×) 11번 출제

03 그는 얇다랗게 언 빙판에 발을 디뎠다. (○, ×) 5번 출제

정답 │ **01** ○   **02** ○   **03** ×, 얄따랗게

II. 어법

한글 맞춤법-띄어쓰기

출제빈도 ★★★★★

수지쌤의 비법

매회 출제되지만 학생들이 가장 어려워하는 띄어쓰기는 기본적으로 '단어와 단어 사이'를 띄는 것이 원칙임을 명확히 알고 있어야 해요. 또한 조사와 의존 명사의 형태가 동일한 경우가 많아 헷갈리기 쉬우니 특별히 조심해야 합니다.

1 제41항 ☆

조사는 그 앞말에 붙여 쓴다.

꽃이	꽃마저	꽃밖에	꽃에서부터
꽃으로만	꽃이나마	꽃이다	꽃입니다
꽃처럼	어디까지나	거기도	멀리는
웃고만			

🌸 이해쏙쏙 배경지식

띄어쓰기 - 조사

체언에 결합해 그 체언의 문법적 기능을 나타내거나 뜻을 더해주는 조사는, 독립성이 없으므로 앞말에 붙여 쓴다. 조사가 둘 이상 연속되거나, 조사가 어미 뒤에 붙는 경우에도 앞말에 붙여 쓴다.

2 제42항 ☆

의존 명사는 띄어 쓴다.

아는 것이 힘이다.	나도 할 수 있다.
먹을 만큼 먹어라.	아는 이를 만났다.
네가 뜻한 바를 알겠다.	그가 떠난 지가 오래다.

🌸 이해쏙쏙 배경지식

띄어쓰기 - 의존 명사

문장의 각 단어는 조사를 제외하고는 모두 띄어 쓴다는 원칙에 따라 의존 명사도 앞말과 띄어 쓴다.

3 제43항

단위를 나타내는 명사는 띄어 쓴다.

한 개	차 한 대	금 서 돈	소 한 마리
옷 한 벌	열 살	조기 한 손	연필 한 자루
버선 한 죽	집 한 채	신 두 켤레	북어 한 쾌

다만, 순서를 나타내는 경우나 숫자와 어울리어 쓰이는 경우에는 붙여 쓸 수 있다.

두시 삼십분 오초	제일과	삼학년	육층
1446년 10월 9일	2대대	16동 502호	제1실습실
80원	10개	7미터	

4 제44항

수를 적을 적에는 '만(萬)' 단위로 띄어 쓴다.

십이억 삼천사백오십육만 칠천팔백구십팔   12억 3456만 7898

5 제45항 ☆

두 말을 이어 주거나 열거할 적에 쓰이는 다음의 말들은 띄어 쓴다.

국장 겸 과장	열 내지 스물
청군 대 백군	책상, 걸상 등이 있다.
이사장 및 이사들	사과, 배, 귤 등등
사과, 배 등속	부산, 광주 등지

> 😊 **수지쌤의 친절한 TIP**
>
> '폐암 등', '배추 따위'와 같이 여러 개를 열거하지 않고 하나만 제시한 뒤에 '등', '따위'를 쓰는 경우에도 앞말과 띄어 써요.

6 제46항

단음절로 된 단어가 연이어 나타날 적에는 붙여 쓸 수 있다.

내것 네것	좀더 큰것	이말 저말	한잎 두잎

보조 용언은 띄어 씀을 원칙으로 하되, 경우에 따라 붙여 씀도 허용한다.(ㄱ을 원칙으로 하고, ㄴ을 허용함.)

ㄱ	ㄴ	ㄱ	ㄴ
불이 꺼져 간다.	불이 꺼져간다.	일이 될 법하다.	일이 될법하다.
내 힘으로 막아 낸다.	내 힘으로 막아낸다.	비가 올 성싶다.	비가 올성싶다.
비가 올 듯하다.	비가 올듯하다.	잘 아는 척한다.	잘 아는척한다.
그 일은 할 만하다.	그 일은 할만하다.		

다만, 다음과 같은 경우 보조 용언을 띄어 쓴다.

앞말에 조사가 붙는 경우	잘도 놀아만 나는구나!	책을 읽어도 보고…….
앞말이 합성 용언인 경우	네가 덤벼들어 보아라.	이런 기회는 다시없을 듯하다.
중간에 조사가 들어간 경우	그가 올 듯도 하다.	잘난 체를 한다.

💮 수지쌤의 친절한 TIP

'나가 버렸다/나가버렸다', '구해 본다/구해본다'와 같이 앞말이 합성 용언이더라도 어간이 2음절인 경우 본용언과 보조 용언을 붙여 쓸 수 있어요.

💮 이해쏙쏙 배경지식

한글 맞춤법 제47항에서 말하는 보조 용언이란?

① 본용언 뒤에서 '-아/-어'로 연결되는 보조 용언
② 관형사형 뒤에서 나타나는 의존 명사에 '-하다'나 '-싶다'가 붙은 보조 용언

'어머니를 도와 드린다'와 '어머니를 도와드린다'

이 조항에서 '도와드린다'의 띄어쓰기는 '도와 드린다'가 원칙, '도와드린다'가 허용으로 제시되어 있지만, '도와주다'가 사전에 실려 있으므로 '도와드리다'는 항상 붙여 쓴다.

8 제48항

성과 이름, 성과 호 등은 붙여 쓰고, 이에 덧붙는 호칭어, 관직명 등은 띄어 쓴다.

김양수(金良洙)	서화담(徐花潭)	채영신 씨
최치원 선생	박동식 박사	충무공 이순신 장군

다만, 성과 이름, 성과 호를 분명히 구분할 필요가 있을 경우에는 띄어 쓸 수 있다.

남궁억/남궁 억	독고준/독고 준	황보지봉(皇甫芝峰)/황보 지봉

9 제50항

전문 용어는 단어별로 띄어 씀을 원칙으로 하되, 붙여 쓸 수 있다.(ㄱ을 원칙으로 하고, ㄴ을 허용함.)

ㄱ	ㄴ
만성 골수성 백혈병	만성골수성백혈병
중거리 탄도 유도탄	중거리탄도유도탄

기출로 바로 체크

밑줄 친 부분의 띄어쓰기가 적절한 것은 ○, 적절하지 않은 것은 × 표시하시오.

01 시청<u>에서부터</u> 걸어왔다. (○, ×) 8번 출제
02 병원에 <u>갈만큼</u> 큰 부상이었다. (○, ×) 19번 출제
03 아이가 주스를 장난감에 <u>쏟아∨버렸다</u>. (○, ×) 3번 출제

정답 │ 01 ○   02 ×, 갈∨만큼   03 ○

POINT 23

II. 어법
발음 변화에 따른 표준어 규정

출제빈도 ★★★

> **수지쌤의 비법**
> 표준어는 '교양 있는 사람들이 두루 쓰는 현대 서울말'이라는 표준어의 정의에서 알 수 있듯 일종의 약속이고 규범일 뿐이에요. 따라서 원칙과 원리를 암기하기보다는 표준어형을 자주 보면서 익숙해지는 것이 현명한 공부법입니다.

1 제3항 ☆

다음 단어들은 거센소리를 가진 형태를 표준어로 삼는다.

끄나풀	나팔-꽃	녘	부엌	살-쾡이	칸

털어-먹다

💀 이해쏙쏙 배경지식

예사소리, 된소리, 거센소리

국어의 자음 중 안울림소리는 소리의 세기에 따라 예사소리, 된소리, 거센소리로 대립한다.

소리의 세기

약함 ──────────────────→ 강함

예사소리	된소리	거센소리
ㄱ, ㄷ, ㅂ, ㅅ, ㅈ	ㄲ, ㄸ, ㅃ, ㅆ, ㅉ	ㅋ, ㅌ, ㅍ, ㅊ

---

2 제5항

어원에서 멀어진 형태로 굳어져서 널리 쓰이는 것은, 그것을 표준어로 삼는다.

강낭-콩	고삿	사글-세	울력-성당

다만, 어원적으로 원형에 더 가까운 형태가 아직 쓰이고 있는 경우에는, 그것을 표준어로 삼는다.

갈비	갓모	굴-젓	말-곁	물-수란	밀-뜨리다
적-이	휴지				

3 제6항

다음 단어들은 의미를 구별함이 없이, 한 가지 형태만을 표준어로 삼는다.

돌(생일, 주기)   둘-째   셋-째   넷-째   빌리다(빌려주다, 빌려 오다)

다만, '둘째'는 십 단위 이상의 서수사에 쓰일 때에 '두째'로 한다.

열두-째   스물두-째

> **수지쌤의 친절한 TIP**
>
> '수사'의 경우 '열두째'가 맞는 표현이지만, '명사'의 쓰임으로는 '열둘째'가 표준어입니다. 즉, 순서나 차례를 나타낼 때는 열두째, 총합을 나타낼 때는 열둘째로 써야 해요.
>
> 예 • 여기서부터 열두째에 앉아 있는 학생은 일어나세요.
>   • 오늘 열둘째의 서명을 받았어.

4 제7항 ☆

수컷을 이르는 접두사는 '수-'로 통일한다.

수-꿩   수-나사   수-놈   수-사돈   수-소   수-은행나무

다만 1. 다음 단어에서는 접두사 다음에서 나는 거센소리를 인정한다. 접두사 '암-'이 결합되는 경우에도 이에 준한다.

수-캉아지   수-캐   수-컷   수-키와   수-탉   수-탕나귀
수-톨쩌귀   수-퇘지   수-평아리

다만 2. 다음 단어의 접두사는 '숫-'으로 한다.

숫-양   숫-염소   숫-쥐

5 제8항

양성 모음이 음성 모음으로 바뀌어 굳어진 다음 단어는 음성 모음 형태를 표준어로 삼는다.

깡충-깡충   -둥이   발가-숭이   보퉁이   봉죽   뻗정-다리
아서, 아서라   오뚝-이   주추

다만, 어원 의식이 강하게 작용하는 다음 단어에서는 양성 모음 형태를 그대로 표준어로 삼는다.

부조(扶助)   사돈(査頓)   삼촌(三寸)

6 제9항

'ㅣ' 역행 동화 현상에 의한 발음은 원칙적으로 표준 발음으로 인정하지 아니하되, 다만 다음 단어들은 그러한 동화가 적용된 형태를 표준어로 삼는다.

-내기   냄비   동댕이-치다

[붙임 1] 다음 단어는 'ㅣ' 역행 동화가 일어나지 아니한 형태를 표준어로 삼는다

아지랑이

[붙임 2] 기술자에게는 '-장이', 그 외에는 '-쟁이'가 붙는 형태를 표준어로 삼는다.

기술자	미장이, 유기장이
그 외	멋쟁이, 소금쟁이, 담쟁이-덩굴, 골목쟁이, 발목쟁이

> ❀ **수지쌤의 친절한 TIP**
>
> 'ㅣ' 역행 동화 현상은 앞 음절의 후설 모음 'ㅏ, ㅓ, ㅗ, ㅜ, ㅡ'가 뒤에 오는 전설 모음 'ㅣ' 또는 반모음 'ㅣ'와 만나 'ㅐ, ㅔ, ㅚ, ㅟ, ㅣ'로 바뀌는 현상이에요. '아비[애비]', '고기[괴기]' 등의 예가 있으며 일부 단어를 제외하고는 표준어로 인정하지 않습니다.

7 제10항

다음 단어는 모음이 단순화한 형태를 표준어로 삼는다.

괴팍-하다	-구먼	미루-나무	미륵	여느	온-달
으레	케케-묵다	허우대	허우적-허우적		

8 제11항

다음 단어에서는 모음의 발음 변화를 인정하여, 발음이 바뀌어 굳어진 형태를 표준어로 삼는다.

-구려	깍쟁이	나무라다	미수	상추	바라다(소망하다)
시러베-아들	주책	지루-하다	튀기	허드레	호루라기

9 제12항

'웃-' 및 '윗-'은 명사 '위'에 맞추어 '윗-'으로 통일한다.

윗-넓이	윗-눈썹	윗-니	윗-당줄	윗-덧줄	윗-도리
윗-동아리	윗-막이	윗-머리	윗-목	윗-몸	윗-바람
윗-배	윗-벌	윗-변	윗-사랑	윗-세장	윗-수염
윗-입술	윗-잇몸	윗-자리	윗-중방		

다만 1. 된소리나 거센소리 앞에서는 '위-'로 한다.

위-짝	위-쪽	위-채	위-층	위-치마	위-턱
위-팔					

다만 2. '아래, 위'의 대립이 없는 단어는 '웃-'으로 발음되는 형태를 표준어로 삼는다.

웃-국	웃-기	웃-돈	웃-비	웃-어른	웃-옷

10 제14항

준말이 널리 쓰이고 본말이 잘 쓰이지 않는 경우에는, 준말만을 표준어로 삼는다.

귀찮다	똬리	무	뱀	뱀-장어	생-쥐
솔개	온-갖	장사-치			

11 제15항

준말이 쓰이고 있더라도, 본말이 널리 쓰이고 있으면 본말을 표준어로 삼는다.

경황-없다	궁상-떨다	귀이-개	낌새	낙인-찍다	내왕-꾼
돗-자리	뒤웅-박	뒷물-대야	마구-잡이	맵자-하다	모이
벽-돌	부스럼(피부병)	살얼음-판	수두룩-하다	암-죽	어음
일구다	죽-살이	퇴박-맞다	한통-치다		

[붙임] 다음과 같이 명사에 조사가 붙은 경우에도 이 원칙을 적용한다.

아래-로(○) 알-로(×)

12 제16항

준말과 본말이 다 같이 널리 쓰이면서 준말의 효용이 뚜렷이 인정되는 것은, 두 가지를 다 표준어로 삼는다.

본말	준말	본말	준말
거짓-부리	거짓-불	석새-삼베	석새-베
노을	놀	시-누이	시-뉘/시-누
막대기	막대	오-누이	오-뉘/오-누
망태기	망태	외우다	외다
머무르다	머물다	이기죽-거리다	이죽-거리다
서두르다	서둘다	찌꺼기	찌끼
서투르다	서툴다		

 수지쌤의 친절한 TIP

준말 '머물다', '서둘다', '서툴다'의 경우 모음으로 시작되는 어미가 연결될 때 '머물어, 서둘어서, 서툴었다'와 같이 활용할 수 없으며 '머물러, 서둘러서, 서툴렀다'로 써야 합니다.

기출로 바로 체크

다음 중 표준어를 골라 ○ 표시하시오.

01 보라색 (나발꽃, 나팔꽃)이 활짝 피었다. 2번 출제
02 그는 집에서 (수퇘지, 숫돼지)를 기르고 있다. 4번 출제
03 귀여운 토끼가 언덕 위로 (깡총깡총, 깡충깡충) 올라갔다. 1번 출제

정답 | **01** 나팔꽃 **02** 수퇘지 **03** 깡충깡충

어휘 선택 변화에 따른 표준어 규정 출제빈도 ★★

> **수지쌤의 비법** 어떤 어휘를 표준어로 정할 것인가는 그 시대와 문화에 따라 얼마든지 달라질 수 있어요. 표준어는 '지금 우리 사회가 정한 약속'이므로 규정에 맞는 정확한 표현을 익혀 두는 것이 중요합니다.

1 제20항

사어(死語)가 되어 쓰이지 않게 된 단어는 고어로 처리하고, 현재 널리 사용되는 단어를 표준어로 삼는다.

난봉	낭떠러지	설거지-하다	애달프다	오동-나무	자두

> 🌼 **수지쌤의 친절한 TIP**
>
> 사어(死語)는 현대에 쓰이지 않거나 옛글을 본뜬 글 등에서만 제한적으로 나타나는 말이에요. 따라서 어떤 어휘가 사어가 되었는지는 개인이 확인하기 어려우므로 결국 표준어는 암기의 영역이 될 수밖에 없어요. 다만, 표준어로 삼은 이유나 원인을 암기해야 풀 수 있는 문제는 시험에 출제되지 않으므로 표준어가 익숙해지는 수준의 공부로도 충분합니다.

2 제21항

고유어 계열의 단어가 널리 쓰이고 그에 대응되는 한자어 계열의 단어가 용도를 잃게 된 것은, 고유어 계열의 단어만을 표준어로 삼는다.

가루-약	구들-장	길품-삯	까막-눈	늙-다리	마른-빨래
박달-나무	사래-밭	성냥	솟을-무늬	외-지다	죽데기
치겟-다리	짐-꾼	푼-돈	흰-말	흰-죽	
			'백마'도 표준어		

3 제22항

고유어 계열의 단어가 생명력을 잃고 그에 대응되는 한자어 계열의 단어가 널리 쓰이면, 한자어 계열의 단어를 표준어로 삼는다.

개다리-소반(小盤)	겸 -상(兼床)	고봉(高捧)-밥
단(單)-벌	민망(憫惘)-스럽다/면(面)구-스럽다	
방(房)-고래	부항(附缸)-단지	수(水)-삼(蔘)
심(心)-돋우개	양(洋)-파	윤(閏)-달
장력(壯力)-세다	제석(祭席)	총각(總角)-무
칫(齒)-솔	포수(砲手)	

4 제24항

방언이던 단어가 널리 쓰이게 됨에 따라 표준어이던 단어가 안 쓰이게 된 것은, 방언이 던 단어를 표준어로 삼는다.

귀밑-머리	까-뭉개다	막상	빈대-떡	생인-손	역-겹다
코-주부					

기출로 바로 체크

밑줄 친 단어가 표준어이면 ○, 표준어가 아니면 × 표시하시오.

01 <u>애달픈</u> 사정을 들으니 눈물이 났다. (○, ×) 1번 출제
02 <u>고봉밥</u>을 한 그릇 다 먹으니 배가 부르다. (○, ×) 1번 출제
03 그는 <u>개다리소반</u>에 다과를 한가득 얹어 놓았다. (○, ×) 1번 출제

정답 | 01 ○ 02 ○ 03 ○

단수 표준어

출제빈도 ★

> 수지쌤의 비법
>
> 하나의 형태만을 표준어로 인정하는 경우를 단수 표준어라고 하며 대부분의 표준어가 이에 해당합니다. 많은 학생들이 표준어에 대한 감각은 있지만 '헷갈리는 단어'가 자주 출제되는 편이니 '혼동하지 않을 정도의 암기'가 필요해요.

1 제17항

비슷한 발음의 몇 형태가 쓰일 경우, 그 의미에 아무런 차이가 없고, 그중 하나가 더 널리 쓰이면, 그 한 형태만을 표준어로 삼는다.

거든-그리다	구어-박다	귀-고리	귀-띔
귀-지	까딱-하면	꼭두-각시	내색
내숭-스럽다	남냠-거리다	남냠-이	너[四]
넉[四]	다다르다	댑-싸리	더부룩-하다
-던	-던가	-던걸	-던고
-던데	-던지	-(으)려고	-(으)려야
망가-뜨리다	멸치	반빗-아치	보습
본새	봉숭아	뺨-따귀	뻐개다[斫]
뻐기다[誇]	사자-탈	상-판대기	서[三] ←
석[三]	설령(設令)	-습니다	시름-시름
씀벅-씀벅	아궁이	아내	어-중간
오금-팽이	오래-오래	-올시다	옹골-차다
우두커니	잠-투정	재봉-틀	짓-무르다
짚-북데기	쪽	천장(天障)	코-맹맹이
흉-업다			

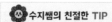

> 💀 수지쌤의 친절한 TIP
>
> '서, 너'는 '돈, 말, 발, 푼' 따위의 앞에서 주로 쓰이고, '석, 넉'은 '냥, 되, 섬, 자' 따위의 앞에서 주로 쓰입니다. 다만, 이 밖에도 '보리 서(너) 홉', '종이 석(넉) 장'과 같이 단위를 나타내는 다른 말과 함께 쓰이기도 해요.

2 제25항

의미가 똑같은 형태가 몇 가지 있을 경우, 그중 어느 하나가 압도적으로 널리 쓰이면, 그 단어만을 표준어로 삼는다.

-게끔	겸사-겸사	고구마	고치다
골목-쟁이	광주리	괴통	국-물
군-표	길-잡이	까치-발	꼬창-모
나룻-배	납-도리	농-지거리	다사-스럽다
다오	담배-꽁초	담배-설대	대장-일
뒤져-내다	뒤통수-치다	등-나무	등-때기
등잔-걸이	떡-보	똑딱-단추	매 만지다
먼-발치	머느리-발톱	명주-붙이	목-메다
밀짚-모자	바가지	바람-꼭지	반-나절
반두	버젓-이	본-받다	부각
부끄러워-하다	부스러기	부지깽이	부항-단지
붉으락-푸르락	비켜-덩이	빙충-이	빠-뜨리다
뻣뻣-하다	뽐-내다	사로-잠그다	살-풀이
상투-쟁이	새앙-손이	샛-별	선-머슴
섭섭-하다	속-말	손목-시계	손-수레
쇠-고랑	수도-꼭지	숙성-하다	순대
술-고래	식은-땀	신기-롭다(신기하다)	쌍동-밤
쏜살-같이	아주	안-걸이	안다미-씌우다
안쓰럽다	안절부절-못하다	앉은뱅이-저울	알-사탕
암-내	앞-지르다	애-벌레	얕은-꾀
언뜻	언제나	얼룩-말	열심-히
입-담	자배기	전봇-대	쥐락-펴락
-지만	짓고-땡	짧은-작	찹-쌀
청대-콩	칡-범		

🖋 기출로 바로 체크

밑줄 친 단어가 표준어이면 ○, 표준어가 아니면 × 표시하시오.

01 <u>봉숭화</u> 꽃잎으로 손톱에 물을 들였다. (○, ×) 1번 출제

02 화가 난 나머지 <u>뺨따귀</u>를 힘껏 때렸다. (○, ×) 1번 출제

03 엄마는 아이의 <u>머느리발톱</u>을 조심스럽게 잘라 주었다. (○, ×) 1번 출제

정답 | **01** ×, 봉숭아 **02** ○ **03** ○

수지쌤의 비법: 동일한 의미를 나타내는 둘 이상의 형태를 표준어로 인정하는 경우, 이 표준어들을 복수 표준어라고 해요. 복수 표준어 여부를 묻는 단독 문제가 출제되기도 하므로 꼼꼼히 살펴 두는 것이 좋습니다.

1 제18항

다음 단어는 ㄱ을 원칙으로 하고, ㄴ도 허용한다.

ㄱ	ㄴ	ㄱ	ㄴ
네	예	쐬다	쏘이다
쇠-	소-	죄다	조이다
괴다	고이다	쬐다	쪼이다
꾀다	꼬이다		

> 😀 **이해쏙쏙 배경지식**
>
> **표준어 사정 원칙 제18항 설정 배경**
>
> 비슷한 발음을 가진 두 형태의 발음 차이가 국어의 일반적인 음운 현상으로 설명되거나 두 형태가 다 널리 쓰인다는 이유로, 두 형태를 모두 표준어로 삼은 규정이다.

2 제19항 ☆

어감의 차이를 나타내는 단어 또는 발음이 비슷한 단어들이 다 같이 널리 쓰이는 경우에는, 그 모두를 표준어로 삼는다. (ㄱ, ㄴ을 모두 표준어로 삼음.)

ㄱ	ㄴ	ㄱ	ㄴ
거슴츠레-하다	게슴츠레-하다	구린-내	쿠린-내
고까	꼬까	꺼림-하다	께름-하다
고린-내	코린-내	나부랭이	너부렁이
교기(驕氣)	갸기		

🌸 수지쌤의 친절한 TIP

어감의 차이가 별개의 단어로 인정하는 기준으로 쓰이기도 하나, 단어의 어원이 같고 어감의 차이가 크게 나지 않는 경우 복수 표준어로 인정하기도 하므로 어떤 단어가 복수 표준어인지의 여부는 정해진 규정을 따를 수밖에 없습니다.

3 제26항

한 가지 의미를 나타내는 형태 몇 가지가 널리 쓰이며 표준어 규정에 맞으면, 그 모두를 표준어로 삼는다.

가락-엿/가래-엿

감감-무소식/감감-소식

-거리다/-대다

곰곰/곰곰-이

구들-재/구재

기세-부리다/기세-피우다

꼬까/때때/고까

날-걸/세-뿔

녁/쪽

다달-이/매-달

댓-돌/툇-돌

돼지-감자/뚱딴지

뒷-말/뒷-소리

딴-전/딴-청

-뜨리다/-트리다

만큼/만치

멀찌감치/멀찌가니/멀찍이

목화-씨/면화-씨

물-심부름/물-시중

바깥-벽/밭-벽

버들-강아지/버들-개지

보-조개/볼-우물

볼-따구니/볼-퉁이/볼-때기

불-사르다/사르다

삽살-개/삽사리

생/새앙/생강

가뭄/가물

개수-통/설거지-통

게을러-빠지다/게을러-터지다

관계-없다/상관-없다

귀퉁-머리/귀퉁-배기

기승-떨다/기승-부리다

꼬리-별/살-별

내리-글씨/세로-글씨

눈-대중/눈-어림/눈-짐작

-다마다/-고말고

덧-창/겉-창

되우/된통/되게

들락-거리다/들랑-거리다

땅-콩/호-콩

뜬-것/뜬-귀신

말-동무/말-벗

모-내다/모-심다

무심-결/무심-중

민둥-산/벌거숭이-산

바른/오른[右]

벌레/버러지

보통-내기/여간-내기/예사-내기

부침개-질/부침-질/지짐-질

뾰두라지/뾰루지

상두-꾼/상여-꾼

생-뿔/새앙-뿔/생강-뿔

가엾다/가엽다

갱-엿/검은-엿

고깃-간/푸줏-간

교정-보다/준-보다

극성-떨다/극성-부리다

깃-저고리/배내-옷/배냇-저고리

나귀/당-나귀

넝쿨/덩굴

느리-광이/느림-보/늘-보

닭의-장/닭-장

독장-치다/독판-치다

뒷-갈망/뒷-감당

들락-날락/들랑-날랑

땔-감/땔-거리

마-파람/앞-바람

먹-새/먹음-새

모쪼록/아무쪼록

물-봉숭아/물-봉선화

밑-층/아래-층

발-모가지/발-목쟁이

변덕-스럽다/변덕-맞다

불똥-앉다/등화-지다/등화-앉다

살-쾡이/삵

상-씨름/소-걸이

서럽다/섧다

성글다/성기다

수수-깡/수숫-대

시늉-말/흉내-말

심술-꾸러기/심술-쟁이

아무튼/어떻든/어쨌든/하여튼/
여하튼

애꾸눈-이/외눈-박이

어이-없다/어처구니-없다

얼렁-뚱땅/엄벙-뗑

여태/입때

연-달다/잇-달다

옥수수/강냉이

우레/천둥

의심-스럽다/의심-쩍다

일찌감치/일찌거니

자물-쇠/자물-통

제-가끔/제-각기

쪽/편

척/체

추어-올리다/추어-주다

한턱-내다/한턱-하다

-(으)세요/-(으)셔요

술-안주/안주

시새/세사(細沙)

씁쓰레-하다/씁쓰름-하다

앉음-새/앉음-앉음

어기여차/어여차

어저께/어제

여왕-벌/장수-벌

여태-껏/이제-껏/입때-껏

엿-가락/엿-가래

외손-잡이/한손-잡이

우지/울-보

-이에요/-이어요

입찬-말/입찬-소리

장가-가다/장가-들다

좀-처럼/좀-체

차차/차츰

천연덕-스럽다/천연-스럽다

축-가다/축-나다

혼자-되다/홀로-되다

송이/송이-버섯

-스레하다/-스름하다

신/신발

아래-위/위-아래

알은-척/알은-체

어림-잡다/어림-치다

언덕-바지/언덕-배기

여쭈다/여쭙다

역성-들다/역성-하다

엿-기름/엿-길금

욕심-꾸러기/욕심-쟁이

을러-대다/을러-메다

일일-이/하나-하나

자리-옷/잠-옷

재롱-떨다/재롱-부리다

중신/중매

책-씻이/책-거리

철-따구니/철-딱서니/철-딱지

편지-투/편지-틀

흠-가다/흠-나다/흠-지다

 기출로 바로 체크

밑줄 친 단어가 표준어이면 ○, 표준어가 아니면 × 표시하시오.

01 쓰고 남은 색종이 너부렁이가 굴러다녔다. (○, ×) 1번 출제

02 아이가 고열로 끙끙 앓는 모습이 몹시 가엽다. (○, ×) 1번 출제

03 갑판에 올라서자 부드러운 마파람이 불어왔다. (○, ×) 2번 출제

정답 | 01 ○   02 ○   03 ○

POINT 27

II. 어법
새로 추가된 표준어

출제빈도 ★

 수지쌤의 비법 표준어는 시대와 상황이 달라지면서 새로 추가되기도 합니다. 특히, 최근 추가된 표준어의 경우 자주 언급되는 경향이 있으니 좀 더 꼼꼼하게 살펴 두도록 해요.

🌼 이해쏙쏙 배경지식

별도 표준어, 복수 표기, 복수 표준형

1. 별도 표준어
   현재 표준어와는 뜻이나 어감이 달라 별도의 표준어로 인정한 경우
   예 '거방지다, 까다롭다'와 의미가 유사하나 동일하지 않은 '걸판지다, 까탈스럽다'를 별도 표준어로 인정

2. 복수 표기
   두 가지 표기를 모두 표준어로 인정한 경우
   예 '택견/태껸', '품새/품세', '짜장면/자장면' 등의 경우 두 가지 표기를 모두 인정

3. 복수 표준형
   비표준적인 것으로 다루어 왔던 표현 형식(활용형)을 표준형으로 인정한 경우
   예 '주책없다'에 대한 복수 표준형으로 '주책이다'를 인정

---

1 2017년(5항목)

기존 표준어	추가 표준어	추가 표준어 의미	구분
꺼림칙하다	꺼림직하다	마음에 걸려서 언짢고 싫은 느낌이 있다.	복수 표준어
께름칙하다	께름직하다	마음에 걸려서 언짢고 싫은 느낌이 꽤 있다.	복수 표준어
추어올리다	추켜올리다	'실제보다 과장되게 칭찬하다'의 의미로 쓰이는 '추켜올리다'를 표준어로 인정함.	복수 표준어
치켜세우다	추켜세우다	'정도 이상으로 크게 칭찬하다'의 의미로 쓰이는 '추켜세우다'를 표준어로 인정함.	복수 표준어
추어올리다/추켜올리다	치켜올리다	① 옷이나 물건, 신체 일부 따위를 위로 가뜬하게 올리다. ② 실제보다 과장되게 칭찬하다.	복수 표준어

2 2016년(6항목)

기존 표준어	추가 표준어	추가 표준어 의미	구분
거방지다	걸판지다	① 매우 푸지다. ② 동작이나 모양이 크고 어수선하다.	별도 표준어
건울음	겉울음	① 드러내 놓고 우는 울음. ② 마음에 없이 겉으로만 우는 울음.	별도 표준어
까다롭다	까탈스럽다	① 조건, 규정 따위가 복잡하고 엄격하여 적응하거나 적용하기에 어려운 데가 있다. '가탈스럽다 ①'보다 센 느낌을 준다. ② 성미나 취향 따위가 원만하지 않고 별스러워 맞춰 주기에 어려운 데가 있다. '가탈스럽다 ②'보다 센 느낌을 준다.	별도 표준어
실몽당이	실뭉치	실을 한데 뭉치거나 감은 덩이.	별도 표준어
에는	엘랑	표준어 규정 제25항에 따라 '에는'의 비표준형으로 다루어 온 '엘랑'을 표준형으로 인정함. '엘랑' 외에도 '르랑'에 조사 또는 어미가 결합한 '에설랑, 설랑, -고설랑, -어설랑, -질랑'도 표준형으로 인정함.	복수 표준형
주책없다	주책이다	표준어 규정 제25항에 따라 '주책없다'의 비표준형으로 다루어 온 '주책이다'를 표준형으로 인정함. '주책이다'는 '일정한 줏대가 없이 되는대로 하는 짓'을 뜻하는 '주책'에 서술격 조사 '이다'가 붙은 말로 봄.	복수 표준형

3 2015년(11항목)

기존 표준어	추가 표준어	추가 표준어 의미	구분
-고 싶다	-고프다	'-고 싶다'가 줄어든 말.	복수 표준어
가오리연	꼬리연	긴 꼬리를 단 연.	별도 표준어
노라네 동그라네 조그마네 …	노랗네 동그랗네 조그맣네 …	'ㅎ' 불규칙 용언이 어미 '-네'와 결합할 때는 어간 끝의 'ㅎ'을 탈락시키지 않아도 됨.	복수 표준형

마을	마실	이웃에 놀러 다니는 일.	복수 표준어
마 마라 마요	말아 말아라 말아요	'말다'에 명령형 어미 '-아', '-아라', '-아요' 등이 결합할 때는 어간 끝의 'ㄹ'을 탈락시키지 않아도 됨.	복수 표준형
의논	의론	어떤 사안에 대하여 각자의 의견을 제기함. 또는 그런 의견.	별도 표준어
예쁘다	이쁘다	생긴 모양이 아름다워 눈으로 보기에 좋다.	복수 표준어
이키	이크	당황하거나 놀랐을 때 내는 소리. '이키'보다 큰 느낌을 준다.	별도 표준어
잎사귀	잎새	나무의 잎사귀. 주로 문학적 표현에 쓰인다.	별도 표준어
차지다	찰지다	'차지다'의 원말.	복수 표준어
푸르다	푸르르다	'푸르다'를 강조하여 이르는 말.	별도 표준어

4 2014년(13항목)

기존 표준어	추가 표준어	추가 표준어 의미	구분
개개다	개기다	(속되게) 명령이나 지시를 따르지 않고 버티거나 반항하다.	별도 표준어
구안괘사	구안와사	얼굴 신경 마비 증상. 입과 눈이 한쪽으로 틀어지는 병이다.	복수 표준어
굽실	굽신	고개나 허리를 가볍게 구푸렸다 펴는 모양.	복수 표준어
꾀다	꼬시다	'꾀다'를 속되게 이르는 말.	별도 표준어
장난감	놀잇감	놀이 또는 아동 교육 현장 따위에서 활용되는 물건이나 재료.	별도 표준어
눈두덩	눈두덩이	눈언저리의 두두룩한 곳.	복수 표준어
딴죽	딴지	일이 순순히 진행되지 못하도록 훼방을 놓거나 어기대는 것.	별도 표준어
삐치다	삐지다	성나거나 못마땅해서 마음이 토라지다.	복수 표준어
사그라지다	사그라들다	삭아서 없어져 가다.	별도 표준어
섬뜩	섬찟	갑자기 소름이 끼치도록 무시무시하고 끔찍한 느낌이 드는 모양.	별도 표준어

속병	속앓이	속이 아픈 병. 또는 속에 병이 생겨 아파하는 일.	별도 표준어
작장초	초장초	괭이밥과의 여러해살이풀. 높이는 10~30cm이며, 잎은 어긋나고 세 갈래로 갈라지며, 작은 잎은 거꾸로 된 심장 모양이다. 7~8월에 노란 꽃이 산형(繖形) 화서로 꽃줄기 끝에 피고 열매는 삭과(蒴果)를 맺는다. 어린잎과 줄기는 식용한다. 논밭이나 길가에 나는데 우리나라 각지에 분포한다.	복수 표준어
허접스럽다	허접하다	허름하고 잡스럽다.	별도 표준어

5 2011년(39항목)

기존 표준어	추가 표준어	추가 표준어 의미	구분
-기에	-길래	'-기에'를 구어적으로 이르는 말.	별도 표준어
간질이다	간지럽히다	살갗을 문지르거나 건드려 간지럽게 하다.	복수 표준어
괴발개발	개발새발	개의 발과 새의 발이라는 뜻으로, 글씨를 되는대로 아무렇게나 써 놓은 모양을 이르는 말.	별도 표준어
거치적거리다	걸리적거리다	거추장스럽게 자꾸 여기저기 걸리거나 닿다.	별도 표준어
끼적거리다	끄적거리다	글씨나 그림 따위를 아무렇게나 자꾸 막 쓰거나 그리다.	별도 표준어
날개	나래	흔히 문학 작품 따위에서, '날개'를 이르는 말. '날개'보다 부드러운 어감을 준다.	별도 표준어
남우세스럽다	남사스럽다	남에게 놀림과 비웃음을 받을 듯하다.	복수 표준어
냄새	내음	코로 맡을 수 있는 나쁘지 않거나 향기로운 기운. 주로 문학적 표현에 쓰인다.	별도 표준어
눈초리	눈꼬리	귀 쪽으로 가늘게 좁혀진 눈의 가장자리.	별도 표준어
두루뭉술하다	두리뭉실하다	특별히 모나거나 튀지 않고 둥그스름하다.	별도 표준어
목물	등물	상체를 굽혀 엎드린 채로 다른 사람의 도움을 받아 허리에서부터 목까지 물로 씻는 일.	복수 표준어

떨어뜨리다	떨구다	시선을 아래로 향하다.	별도 표준어
뜰	뜨락	앞말이 가리키는 것이 존재하거나 깃들어 있는 추상적 공간을 비유적으로 이르는 말.	별도 표준어
만날	맨날	매일같이 계속하여서.	복수 표준어
맨송맨송	맨숭맨숭/맹숭맹숭	몸에 털이 있어야 할 곳에 털이 없어 반반한 모양./몸에 털이 있어야 할 곳이 벗어져 반반한 모양.	별도 표준어
먹을거리	먹거리	사람이 살아가기 위하여 먹는 온갖 것.	별도 표준어
메우다	메꾸다	시간을 적당히 또는 그럭저럭 보내다.	별도 표준어
묏자리	묫자리	뫼를 쓸 자리. 또는 쓴 자리.	복수 표준어
바동바동	바둥바둥	덩치가 작은 것이 매달리거나 자빠지거나 주저앉아서 자꾸 팔다리를 내저으며 움직이는 모양. '바동바동'보다 큰 느낌을 준다.	별도 표준어
복사뼈	복숭아뼈	발목 부근에 안팎으로 둥글게 나온 뼈.	복수 표준어
새치름하다	새초롬하다	조금 쌀쌀맞게 시치미를 떼는 태도가 있다.	별도 표준어
세간	세간살이	집안 살림에 쓰는 온갖 물건.	복수 표준어
손자(孫子)	손주	손자와 손녀를 아울러 이르는 말.	별도 표준어
쌉싸래하다	쌉싸름하다	조금 쓴 맛이 있는 듯하다.	복수 표준어
아옹다옹	아웅다웅	대수롭지 아니한 일로 서로 자꾸 다투는 모양. '아옹다옹'보다 큰 느낌을 준다.	별도 표준어
야멸치다	야멸차다	자기만 생각하고 남의 사정을 돌볼 마음이 거의 없다.	별도 표준어
어수룩하다	어리숙하다	겉모습이나 언행이 치밀하지 못하여 순진하고 어리석은 데가 있다.	별도 표준어
연방	연신	잇따라 자꾸.	별도 표준어
오순도순	오손도손	정답게 이야기하거나 의좋게 지내는 모양.	별도 표준어
자장면	짜장면	중국요리의 하나. 고기와 채소를 넣어 볶은 중국 된장에 국수를 비벼 먹는다.	복수 표기
찌뿌듯하다	찌뿌둥하다	몸살이나 감기 따위로 몸이 무겁고 거북하다.	별도 표준어
치근거리다	추근거리다	조금 성가실 정도로 은근히 자꾸 귀찮게 굴다.	별도 표준어

태껸	택견	우리나라 고유의 전통 무예 가운데 하나. 유연한 동작을 취하며 움직이다가 순간적으로 손질·발질을 하여 그 탄력으로 상대편을 제압하고 자기 몸을 방어한다.	복수 표기
고운대	토란대	토란의 줄기. 주로 국거리로 쓴다.	복수 표준어
품세	품새	태권도에서, 공격과 방어의 기본 기술을 연결한 연속 동작.	복수 표기
허섭스레기	허접쓰레기	좋은 것이 빠지고 난 뒤에 남은 허름한 물건.	복수 표준어
횅허케	횅하니	중도에서 지체하지 아니하고 곧장 빠르게 가는 모양.	별도 표준어
토담	흙담	흙으로 쌓아 만든 담.	복수 표준어

 기출로 바로 체크

다음 설명 중 적절한 것은 ○, 적절하지 않은 것은 × 표시하시오.

01 '두리뭉술하다'는 표준어이다. (○, ×) 1번 출제

02 '까다롭다'와 '까탈스럽다'는 둘 다 표준어이다. (○, ×) 1번 출제

03 '꺼림직하다'와 '꺼림칙하다'는 둘 다 표준어이다. (○, ×) 1번 출제

정답 | 01 ×, 두루뭉술하다/두리뭉실하다   **02** ○   **03** ○

POINT 28
표준 발음법

출제빈도 ★★★★

> **수지쌤의 비법**
> 표기와 발음은 동일한 경우도 있고 그렇지 않은 경우도 있어요. 단어의 정확한 표기와 더불어 정확한 발음을 묻는 문제의 출제빈도는 매우 높으므로 발음에 유의하면서 그 예를 학습하는 것이 중요합니다.

1 제5항 ☆

'ㅑ ㅒ ㅕ ㅖ ㅘ ㅙ ㅛ ㅝ ㅞ ㅠ ㅢ'는 이중 모음으로 발음한다

나만 I. 뵹언의 활용형에 나타나는 '져, 쪄, 쳐'는 [저, 쩌, 처]로 발음한다.

가지어 → 가져[가저]   찌어 → 쪄[쩌]   다치어 → 다쳐[다처]

다만 2. '예, 례' 이외의 'ㅖ'는 [ㅔ]로도 발음한다.

계집[계ː집/게ː집]   계시다[계ː시다/게ː시다]
시계[시계/시게](時計)   연계[연계/연게](連繫)
메별[메별/메벨](袂別)   개폐[개폐/개페](開閉)
혜택[혜ː택/헤ː택](惠澤)   지혜[지혜/지혜](智慧)

다만 3. 자음을 첫소리로 가지고 있는 음절의 'ㅢ'는 [ㅣ]로 발음한다.

닐리리[닐리리]   닁큼[닝큼]   무늬[무니]
띄어쓰기[띠어쓰기/띠여쓰기]   씌어[씨어/씨여]   티어[티어/티여]
히어[히어/히여]   희떱다[히떱따]   희망[히망]
유희[유히]

다만 4. 단어의 첫음절 이외의 '의'는 [ㅣ]로, 조사 '의'는 [ㅔ]로 발음함도 허용한다.

단어 첫음절 이외의 '의'	[ㅢ], [ㅣ]로 발음	• 주의[주의/주이] • 협의[혀븨/혀비] • 강의의[강ː의의/강ː이에]
조사 '의'	[ㅢ], [ㅔ]로 발음	• 우리의[우리의/우리에] • 강의의[강ː의의/강ː이에]

> **🌼 수지쌤의 친절한 TIP**
>
> '민주주의의 의의'는 [민주주의의/민주주이의/민주주이에/민주주의에 의ː의/의ː이]로 발음할 수 있어요.

2 제6항

모음의 장단을 구별하여 발음하되, 단어의 첫음절에서만 긴소리가 나타나는 것을 원칙으로 한다.

(1) 단어(단일어, 복합어)의 첫째 음절에서 긴소리가 나는 경우

눈보라[눈ː보라]　　　　　말씨[말ː씨]　　　　　밤나무[밤ː나무]

많다[만ː타]　　　　　　　멀리[멀ː리]　　　　　벌리다[벌ː리다]

(2) 본래 긴소리였던 것이 복합어의 둘째 음절 이하에서 짧은소리로 나는 경우

첫눈[천눈]　　　　　　　참말[참말]　　　　　쌍동밤[쌍동밤]

수많이[수ː마니]　　　　　눈멀다[눈멀다]　　　떠벌리다[떠벌리다]

다만, 합성어의 경우에는 둘째 음절 이하에서도 분명한 긴소리를 인정한다.

반신반의[반ː신바ː늬/반ː신바ː니]　　　　　재삼재사[재ː삼재ː사]

[붙임] 용언의 단음절 어간에 어미 '-아/-어'가 결합되어 한 음절로 축약되는 경우에도 긴소리로 발음한다.

보아 → 봐[봐ː]　　　　　기어 → 겨[겨ː]　　　　　되어 → 돼[돼ː]

두어 → 둬[둬ː]　　　　　하여 → 해[해ː]

다만, '오아 → 와, 지어 → 져, 찌어 → 쩌, 치어 → 쳐' 등은 긴소리로 발음하지 않는다.

🖐 기출로 바로 체크

밑줄 친 부분의 발음이 적절한 것은 ○, 적절하지 않은 것은 × 표시하시오.

01　옥수수를 쪄[쩌] 먹었다. (○, ×)　1번 출제

02　이 일은 협의[허비]가 필요하다. (○, ×)　1번 출제

03　그들은 민주주의[민주주의]를 실현하기 위해 노력하였다. (○, ×)　1번 출제

정답 | 01 ×, 쪄[쩌]　02 ○　03 ○

II. 어법
음운의 변동

출제빈도 ★★★

수지쌤의 비법

음운이 놓이는 환경에 따라 음운이 바뀌는 현상을 '음운의 변동'이라고 합니다. 이는 결국 발음을 쉽게 하여 발음의 경제성을 높이고 뜻을 분명하게 전하려는 목적이지요. 따라서 표기와 발음상의 차이에 유의하는 것이 핵심입니다.

1 교체

1. 음절의 끝소리 규칙☆: 우리말에서 음절의 끝소리(받침소리)는 'ㄱ, ㄴ, ㄷ, ㄹ, ㅁ, ㅂ, ㅇ'의 일곱 개의 자음으로만 발음됨

받침	대표음	예
ㄱ, ㄲ, ㅋ	[ㄱ]	박[박], 밖[박], 부엌[부억]
ㄴ	[ㄴ]	난초[난초]
ㄷ, ㅌ, ㅅ, ㅆ, ㅈ, ㅊ, ㅎ	[ㄷ]	낟[낟ː], 낱[낟ː], 낫[낟], 났다[낟따], 낮[낟], 낯[낟], 히읗[히은]
ㄹ	[ㄹ]	물[물]
ㅁ	[ㅁ]	감[감]
ㅂ, ㅍ	[ㅂ]	법[법], 잎[입]
ㅇ	[ㅇ]	강[강]

2. 동화

① 자음 동화

구분		설명	예
동화 방향	순행 동화	뒤의 자음이 앞의 자음을 닮아 바뀌는 경우	칼날[칼랄], 종로[종노]
	역행 동화	앞의 자음이 뒤의 자음을 닮아 바뀌는 경우	난로[날로], 학문[항문]
	상호 동화	앞의 자음과 뒤의 자음이 서로 영향을 주며 바뀌는 경우	급류[금뉴], 독립[동닙]

동화 정도	완전 동화	앞의 자음과 뒤의 자음이 같은 소리로 바뀌는 경우	신라[실라], 값만[감만]
	불완전 동화	앞의 자음과 뒤의 자음이 비슷한 소리로 바뀌는 경우	백로[뱅노], 국물[궁물]

• 비음화(鼻音化) ☆: 비음이 아닌 자음이 뒤에 오는 비음의 영향으로 비음 'ㅇ, ㄴ, ㅁ'이 되거나, 'ㄱ, ㄷ, ㅂ' 뒤에 오는 'ㄹ'이 비음 'ㄴ'이 되는 현상

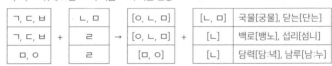

ㄱ, ㄷ, ㅂ		ㄴ, ㅁ		[ㅇ, ㄴ, ㅁ]		[ㄴ, ㅁ]	국물[궁물], 닫는[단는]
ㄱ, ㄷ, ㅂ	+	ㄹ	→	[ㅇ, ㄴ, ㅁ]	+	[ㄴ]	백로[뱅노], 섭리[섬니]
ㅁ, ㅇ		ㄹ		[ㅁ, ㅇ]		[ㄴ]	담력[담:녁], 남루[남:누]

• 유음화(流音化) ☆: 'ㄴ'이 앞이나 뒤에 오는 유음의 영향으로 유음 'ㄹ'이 되는 현상

ㄹ		ㄴ		[ㄹ]		[ㄹ]	칼날[칼랄]
ㄴ	+	ㄹ	→		+		난로[날로], 신라[실라]

② 모음 동화

• 'ㅣ' 모음 역행 동화: 후설 모음 'ㅏ, ㅓ, ㅗ, ㅜ, ㅡ'가 뒤에 오는 모음 'ㅣ' 또는 반모음 'ㅣ'의 영향을 받아 각각 'ㅐ, ㅔ, ㅚ, ㅟ, ㅣ'로 바뀌는 현상
  예 아비[애비], 잡히다[재피다]

※ 'ㅣ' 모음 역행 동화에 의한 발음은 원래 표준 발음으로 인정하지 않지만, 예외적으로 동화가 적용된 형태를 표준어로 인정하는 단어들도 있음 예 냄비, 멋쟁이, 서울내기 등

3. 구개음화 ☆: 받침 'ㄷ, ㅌ'이 모음 'ㅣ'로 시작하는 형식 형태소 앞에서 구개음 'ㅈ, ㅊ'으로 바뀌는 현상

ㄷ		ㅣ		[ㅈ]	굳이[구지], 맏이[마지], 해돋이[해도지]
ㅌ	+		→	[ㅊ]	같이[가치], 겉이[거치], 피붙이[피부치]

4. 된소리되기 ☆: 예사소리가 된소리로 바뀌는 현상을 말하며 경음화(硬音化)라고도 함

① 음절의 끝에 오는 'ㄱ, ㄷ, ㅂ' 뒤에 'ㄱ, ㄷ, ㅂ, ㅅ, ㅈ'과 같은 안울림 예사소리가 오면, 뒷말의 초성이 된소리로 바뀜 예 국자[국짜], 밥솥[밥쏟]

② 'ㄴ, ㅁ'으로 끝나는 어간 뒤에 'ㄱ, ㄷ, ㅅ, ㅈ'으로 시작하는 어미가 오면, 뒷말의 초성이 된소리로 바뀜
  예 신고[신:꼬], 감다[감:따]

2 첨가

1. **사잇소리 현상**: 두 형태소가 결합하여 합성어가 될 때 그 사이에 소리가 덧나는 현상으로, 앞말이 모음으로 끝나면 사이시옷을 표기함

　① 앞말의 끝소리가 울림소리이고 뒷말의 첫소리가 안울림 예사소리이면 뒤의 예사소리가 된소리로 변하는 현상

　　예 시냇가(시내+가) → [시:내까/시:낻까]

　② 앞말이 모음으로 끝나고 뒷말이 'ㅁ, ㄴ'으로 시작되면 앞말의 끝소리에 'ㄴ'이 덧나는 현상

　　예 콧날(코+날) → [콘날]

　③ 앞말이 모음으로 끝나고 뒷말이 모음 'ㅣ'나 반모음 'ㅣ'로 시작되면 앞말의 끝소리와 뒷말의 첫소리에 'ㄴㄴ'이 덧나는 현상

　　예 베갯잇(베개+잇) → [베갠닏]

> ✿ **수지쌤의 친절한 TIP**
>
> 한자만으로 이루어진 합성어에는 사잇소리 현상이 일어나도 사이시옷을 붙이지 않는 것이 원칙이지만, '곳간(庫間), 찻간(車間), 툇간(退間), 셋방(貰房), 숫자(數字), 횟수(回數)'에는 사이시옷을 적습니다.

2. **'ㄴ' 첨가**☆: 합성어나 파생어에서, 앞말이 자음으로 끝나고 뒷말이 모음 'ㅣ'나 반모음 'ㅣ'로 시작하면 그 사이에 'ㄴ'이 첨가되는 현상

　　예 ・솜이불(솜+이불) → [솜:니불]

　　　・식용유(식용+유) → [시공뉴]

3. **반모음 첨가**

　① 모음으로 끝나는 형태소와 모음으로 시작하는 형태소가 결합할 때 그 사이에 반모음 'ㅣ'나 'ㅗ/ㅜ'가 새로 생기는 현상. 주로 모음으로 끝나는 용언 어간 뒤에 '-아/-어'로 시작하는 어미가 결합하거나 모음으로 끝나는 체언 뒤에 조사 '에'가 결합할 때 일어남

　　예 피어도[피여도], 좋아도[조와도], 학교에[학교예]

　② 반모음 첨가는 실제 언어생활에서 흔히 나타나지만, 'ㅣ, ㅚ, ㅟ' 뒤에서 반모음 'ㅣ'가 첨가될 때를 제외하고는 표준 발음으로 인정하지 않음

3 탈락

1. 자음 탈락

종류	탈락 양상	예
'ㄹ' 탈락	동사나 형용사의 어간 말 자음 'ㄹ'이 특정한 어미 앞에서 탈락	날다: 날+니 → 나니[나니]
'ㅎ' 탈락	동사나 형용사의 어간 말 자음 'ㅎ'이 모음으로 시작하는 어미 앞에서 탈락	좋은[조:은], 많이[마:니]

2. 자음군 단순화 ☆: 음절의 끝소리에 자음이 두 개가 올 때 하나가 탈락하는 현상

겹받침	탈락 양상	예
ㄳ, ㄵ, ㄽ, ㄾ, ㅄ	음절 말이나 자음 앞에서 뒤 자음 탈락	몫[목], 앉고[안꼬], 외곬[외골/웨골], 핥다[할따], 값[갑]
ㄻ, ㄿ	음절 말이나 자음 앞에서 앞 자음 탈락	젊다[점:따], 읊고[읍꼬]
ㄺ	'ㄺ'으로 끝나는 어간 뒤에 'ㄱ'으로 시작하는 어미가 올 때 'ㄱ' 탈락	읽고[일꼬]
	'ㄺ'으로 끝나는 어간 뒤에 'ㄱ' 이외의 자음으로 시작하는 어미가 올 때 'ㄹ' 탈락	읽다[익따]
ㄼ	① '밟-'의 'ㄼ'이 자음 앞에 올 때 'ㄹ' 탈락 ② '넓죽하다, 넓둥글다'의 'ㄼ'은 'ㄹ' 탈락	밟다[밥:따], 넓죽하다[넙쭈카다], 넓둥글다[넙뚱글다]
	그 외는 'ㅂ' 탈락	넓다[널따]

3. 모음 탈락

종류	탈락 양상	예
동음 탈락	동일한 모음(ㅏ, ㅓ)이 연속될 때 모음 하나가 탈락	가+아서 → 가서
'─' 탈락	동사나 형용사의 어간 말 모음 '─'가 모음 'ㅏ, ㅓ'로 시작하는 어미 앞에서 탈락함	쓰+어 → 써

4 축약

1. **자음 축약(거센소리되기)** ⭐: 'ㄱ, ㄷ, ㅂ, ㅈ'과 'ㅎ'이 만나면 거센소리인 'ㅋ, ㅌ, ㅍ, ㅊ'으로 줄어 소리 나는 현상

ㄱ			[ㅋ]	축하[추카], 국화[구콰]
ㄷ	+ ㅎ →		[ㅌ]	좋다[조:타], 파랗다[파:라타]
ㅂ			[ㅍ]	잡히다[자피다], 좁히다[조피다]
ㅈ			[ㅊ]	좋지[조:치], 젖히다[저치다]

2. **모음 축약**: 모음 두 개가 합쳐져서 하나의 모음으로 소리 나는 현상

ㅗ		ㅏ		ㅘ	보이 → 뵈[봐:]
ㅜ	+	ㅓ	→	ㅝ	갖추어 → 갖춰[갇춰]
ㅣ		ㅓ		ㅕ	그리어 → 그려[그려]
ㅚ		ㅓ		ㅙ	되어 → 돼[돼:]

 기출로 바로 체크

왼쪽 단어에서 나타나는 음운 변동을 오른쪽에서 찾아 연결하시오.

01 감다[감:따] •

02 국물[궁물] •

03 신라[실라] •

04 부엌[부억] •

05 값[갑] •

• ㄱ. 비음화   10번 출제

• ㄴ. 유음화   7번 출제

• ㄷ. 자음군 단순화   6번 출제

• ㄹ. 음절의 끝소리 규칙   5번 출제

• ㅁ. 된소리되기   4번 출제

정답 | **01**-ㅁ   **02**-ㄱ   **03**-ㄴ   **04**-ㄹ   **05**-ㄷ

수지쌤의 비법

외래어 표기법은 외국에서 들여온 말을 한글로 표기하는 방법을 규정한 것으로, 기본 원칙과 표기 세칙을 숙지하여 시험에 출제되는 일상에서 쓰이는 외래어에 그 내용을 적용하며 연습해 보세요.

1 외래어 표기의 기본 원칙

제1항 외래어는 국어의 현용 24 자모만으로 적는다.

> ☻ **수지쌤의 친절한 TIP**
>
> 현재 사용 중인 자음(ㄱ, ㄴ, ㄷ, ㄹ, ㅁ, ㅂ, ㅅ, ㅇ, ㅈ, ㅊ, ㅋ, ㅌ, ㅍ, ㅎ)과 모음 (ㅏ, ㅑ, ㅓ, ㅕ, ㅗ, ㅛ, ㅜ, ㅠ, ㅡ, ㅣ)만을 이용해서 적습니다. 이럴 경우 [f], [v], [z] 등의 발음에 정확히 대응되는 글자가 없다는 문제가 있지만, 이를 위해 일일이 새로 문자를 만들 수는 없어 현용 24 자모만으로 적기로 한 것이지요.

제2항 외래어의 1 음운은 원칙적으로 1 기호로 적는다.

> ☻ **수지쌤의 친절한 TIP**
>
> 'family'의 [f]를 사람마다 'ㅍ'으로 표기해 '패밀리'로 적거나 'ㅎ'으로 표기해 '훼밀리'로 적게 되면 일관성이 없어지므로 [f]의 표기는 'ㅍ'으로 고정 표기합니다.

제3항 받침에는 'ㄱ, ㄴ, ㄹ, ㅁ, ㅂ, ㅅ, ㅇ'만을 쓴다.

> ☻ **수지쌤의 친절한 TIP**
>
> 'biscuit'의 [t]를 'ㄷ'으로 표기한 '비스킫'이 아닌 'ㅅ'으로 표기한 '비스킷'으로 적어야 모음으로 시작하는 조사와 연결되었을 때 '비스킷이 [비스키시]'와 같이 소리 나는 국어의 음운 현상을 설명할 수 있어요.

제4항 파열음 표기에는 된소리를 쓰지 않는 것을 원칙으로 한다.

> ☻ **수지쌤의 친절한 TIP**
>
> 우리말의 파열음에는 유성음과 무성음의 대립이 없기 때문에 외래어의 무성 파열음 [p, t, k]는 거센소리 'ㅍ, ㅌ, ㅋ'으로 적고, 유성 파열음 [b, d, g]는 예사소리 'ㅂ, ㄷ, ㄱ'으로 적어서 파열음을 표기할 때 된소리를 쓰지 않는 것을 원칙으로 합니다.

제5항 이미 굳어진 외래어는 관용을 존중하되, 그 범위와 용례는 따로 정한다.

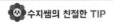

> 🌸 **수지쌤의 친절한 TIP**
>
> 언중들 사이에서 이미 널리 쓰여서 굳어진 말은 바꾸기도 어려우며, 억지로 바꾸게 되면 혼란을 일으킬 수 있어요. 예를 들어 'radio, piano, vitamin'을 외래어 표기법 규정대로 표기하면 '레이디오, 피애노, 바이터민'으로 적어야 해요. 그러나 이들은 오래전부터 '라디오, 피아노, 비타민'의 형태로 언중들이 익숙하게 사용해 온 점을 고려하여 해당 형태로 표기합니다.

2 영어 표기 세칙-제1항 무성 파열음 ([p], [t], [k])

1. 짧은 모음 다음의 어말 무성 파열음([p], [t], [k])은 받침으로 적는다.

gap[gæp] 갭   cat[kæt] 캣   book[buk] 북

2. 짧은 모음과 유음·비음([l], [r], [m], [n]) 이외의 자음 사이에 오는 무성 파열음 ([p], [t], [k])은 받침으로 적는다.

apt[æpt] 앱트   setback[setbæk] 셋백   act[ækt] 액트

3. 위 경우 이외의 어말과 자음 앞의 [p], [t], [k]는 '으'를 붙여 적는다.

stamp[stæmp] 스탬프   cape[keip] 케이프   nest[nest] 네스트
part[pɑːt] 파트   desk[desk] 데스크   make[meik] 메이크
mattress[mætris] 매트리스   apple[æpl] 애플
chipmunk[tʃipmʌŋk] 치프멍크 sickness[siknis] 시크니스

3 영어 표기 세칙-제2항 유성 파열음([b], [d], [g])

어말과 모든 자음 앞에 오는 유성 파열음은 '으'를 붙여 적는다.

bulb[bʌlb] 벌브   land[lænd] 랜드   zigzag[zigzæg] 지그재그
lobster[lɔbstə] 로브스터   kidnap[kidnæp] 키드냅   signal[signəl] 시그널

4 영어 표기 세칙-제3항 마찰음([s], [z], [f], [v], [θ], [ð], [ʃ], [ʒ])

1. 어말 또는 자음 앞의 [s], [z], [f], [v], [θ], [ð]는 '으'를 붙여 적는다.

mask[mɑːsk] 마스크   jazz[dʒæz] 재즈   graph[græf] 그래프
olive[ɔliv] 올리브   thrill[θril] 스릴   bathe[beið] 베이드

2. 어말의 [ʃ]는 '시'로 적고, 자음 앞의 [ʃ]는 '슈'로, 모음 앞의 [ʃ]는 뒤따르는 모음에
   따라 '샤', '섀', '셔', '셰', '쇼', '슈', '시'로 적는다.

   flash[flæʃ] 플래시   shrub[ʃrʌb] 슈러브   shark[ʃɑːk] 샤크

   shank[ʃæŋk] 섕크   fashion[fæʃən] 패션   sheriff[ʃerif] 셰리프

   shopping[ʃɔpiŋ] 쇼핑   shoe[ʃuː] 슈   shim[ʃim] 심

3. 어말 또는 자음 앞의 [ʒ]는 '지'로 적고, 모음 앞의 [ʒ]는 'ㅈ'으로 적는다.

   mirage[mirɑːʒ] 미라지   vision[viʒən] 비전

5 영어 표기 세칙 - 제4항 파찰음([ts], [dz], [tʃ], [dʒ])

1. 어말 또는 자음 앞의 [ts], [dz]는 '츠', '즈'로 적고, [tʃ], [dʒ]는 '치', '지'로 적는다.

   Keats[kiːts] 키츠   odds[ɔdz] 오즈   switch[switʃ] 스위치

   bridge[bridʒ] 브리지   Pittsburgh[pitsbəːg] 피츠버그

   hitchhike[hitʃhaik] 히치하이크

2. 모음 앞의 [tʃ], [dʒ]는 'ㅊ', 'ㅈ'으로 적는다.

   chart[tʃɑːt] 차트   virgin[vəːdʒin] 버진

6 영어 표기 세칙 - 제5항 비음([m], [n], [ŋ])

1. 어말 또는 자음 앞의 비음은 모두 받침으로 적는다.

   steam[stiːm] 스팀   corn[kɔːn] 콘   ring[riŋ] 링

   lamp[læmp] 램프   hint[hint] 힌트   ink[iŋk] 잉크

2. 모음과 모음 사이의 [ŋ]은 앞 음절의 받침 'ㅇ'으로 적는다.

   hanging[hæŋiŋ] 행잉   longing[lɔŋiŋ] 롱잉

7 영어 표기 세칙 - 제6항 유음([l])

1. 어말 또는 자음 앞의 [l]은 받침으로 적는다.

   hotel[houtel] 호텔   pulp[pʌlp] 펄프

2. 어중의 [l]이 모음 앞에 오거나, 모음이 따르지 않는 비음([m], [n]) 앞에 올 때에는 'ㄹㄹ'로 적는다. 다만, 비음([m], [n]) 뒤의 [l]은 모음 앞에 오더라도 'ㄹ'로 적는다.

slide[slaid] 슬라이드   film[film] 필름   helm[helm] 헬름

swoln[swouln] 스월른   Hamlet[hæmlit] 햄릿   Henley[henli] 헨리

8 영어 표기 세칙 - 제7항 장모음

장모음의 장음은 따로 표기하지 않는다.

team[tiːm] 팀   route[ruːt] 루트

9 영어 표기 세칙 - 제8항 重母音 중모음([ai], [au], [ei], [ɔi], [ou], [auə])

중모음은 각 단모음의 음가를 살려서 적되, [ou]는 '오'로, [auə]는 '아워'로 적는다.

time[taim] 타임   house[haus] 하우스   skate[skeit] 스케이트

oil[ɔil] 오일   boat[bout] 보트   tower[tauə] 타워

10 영어 표기 세칙 - 제9항 반모음([w], [j])

1. [w]는 뒤따르는 모음에 따라 [wə], [wɔ], [wou]는 '워', [wɑ]는 '와', [wæ]는 '왜', [we]는 '웨', [wi]는 '위', [wu]는 '우'로 적는다.

word[wəːd] 워드   want[wɔnt] 원트   woe[wou] 워

wander[wɑndə] 완더   wag[wæg] 왜그   west[west] 웨스트

witch[witʃ] 위치   wool[wul] 울

2. 자음 뒤에 [w]가 올 때에는 두 음절로 갈라 적되, [gw], [hw], [kw]는 한 음절로 붙여 적는다.

swing[swiŋ] 스윙   twist[twist] 트위스트   penguin[peŋgwin] 펭귄

whistle[hwisl] 휘슬   quarter[kwɔːtə] 쿼터

3. 반모음 [j]는 뒤따르는 모음과 합쳐 '야', '얘', '여', '예', '요', '유', '이'로 적는다. 다만, [d], [l], [n] 다음에 [jə]가 올 때에는 각각 '디어', '리어', '니어'로 적는다.

yard[jɑːd] 야드   yank[jæŋk] 얭크   yearn[jəːn] 연

yellow[jelou] 옐로   yawn[jɔːn] 욘   you[juː] 유

year[jiə] 이어   Indian[indjən] 인디언   battalion[bətæljən] 버탤리언

union[juːnjən] 유니언

11 영어 표기 세칙-제10항 복합어(합성어)

1. 따로 설 수 있는 말의 합성으로 이루어진 복합어는 그것을 구성하고 있는 말이 단독으로 쓰일 때의 표기대로 적는다.

cuplike[kʌplaik] 컵라이크

headlight[hedlait] 헤드라이트

sit-in[sitin] 싯인

flashgun[flæʃgʌn] 플래시건

bookend[bukend] 북엔드

touchwood[tʌtʃwud] 터치우드

bookmaker[bukmeikə] 북메이커

topknot[tɔpnɔt] 톱놋

2. 원어에서 띄어 쓴 말은 띄어 쓴 대로 한글 표기를 하되, 붙여 쓸 수도 있다.

Los Alamos[lɔsæləmous] 로스 앨러모스/로스앨러모스

top class[tɔpklæs] 톱 클래스/톱클래스

12 인명, 지명 표기의 원칙

제1절 표기 원칙

제1항 외국의 인명, 지명의 표기는 외래어 표기법 제1장, 제2장, 제3장의 규정을 따르는 것을 원칙으로 한다.

제2항 외래어 표기법 제3장에 포함되어 있지 않은 언어권의 인명, 지명은 원지음을 따르는 것을 원칙으로 한다.

Ankara 앙카라 　　　　Gandhi 간디

제3항 원지음이 아닌 제3국의 발음으로 통용되고 있는 것은 관용을 따른다.

Hague 헤이그 　　　　Caesar 시저

제4항 고유 명사의 번역명이 통용되는 경우 관용을 따른다.

Pacific Ocean 태평양 　　　Black Sea 흑해

제2절 동양의 인명, 지명 표기

제1항 중국 인명은 과거인과 현대인을 구분하여 과거인은 종전의 한자음대로 표기하고, 현대인은 원칙적으로 중국어 표기법에 따라 표기하되, 필요한 경우 한자를 병기한다.

제2항 중국의 역사 지명으로서 현재 쓰이지 않는 것은 우리 한자음대로 하고, 현재 지명과 동일한 것은 중국어 표기법에 따라 표기하되, 필요한 경우 한자를 병기한다.

제3항　일본의 인명과 지명은 과거와 현대의 구분 없이 일본어 표기법에 따라 표기하는 것을 원칙으로 하되, 필요한 경우 한자를 병기한다.

제4항　중국 및 일본의 지명 가운데 한국 한자음으로 읽는 관용이 있는 것은 이를 허용한다.

東京 도쿄, 동경　　　京都 교토, 경도　　　上海 상하이, 상해　　　臺灣 타이완, 대만
黃河 황허, 황하

제3절 바다, 섬, 강, 산 등의 표기 세칙

제1항　바다는 '해(海)'로 통일한다.

홍해　　　　　　　발트해　　　　　　아라비아해

제2항　우리 나라를 제외하고 섬은 모두 '섬'으로 통일한다.

타이완섬　　　　　코르시카섬　　　　(우리나라: 제주도, 울릉도)

제3항　한자 사용 지역(일본, 중국)의 지명이 하나의 한자로 되어 있을 경우, '강', '산', '호', '섬' 등은 겹쳐 적는다.

온타케산(御岳)　　　주장강(珠江)　　　도시마섬(利島)　　　하야카와강(早川)
위산산(玉山)

제4항　지명이 산맥, 산, 강 등의 뜻이 들어 있는 것은 '산맥', '산', '강' 등을 겹쳐 적는다.

Rio Grande 리오그란데강　　　　　　Monte Rosa 몬테로사산
Mont Blanc 몽블랑산　　　　　　　Sierra Madre 시에라마드레산맥

기출로 바로 체크

다음 설명 중 적절한 것은 ○, 적절하지 않은 것은 × 표시하시오.

01　'yellow[jelou]'는 외래어 표기법에 따라 '옐로'로 적는다. (○, ×)　1번 출제

02　'flash[flæʃ]'는 외래어 표기법에 따라 '플래쉬'로 적는다. (○, ×)　1번 출제

03　외래어는 'ㄱ, ㄴ, ㄹ, ㅁ, ㅂ, ㅅ, ㅇ'만 받침으로 적는다. (○, ×)　1번 출제

정답 │ **01** ○　　**02** ×, 플래시　　**03** ○

POINT 31

II. 어법
로마자 표기법

출제빈도 ★★★★★

수지쌤의 비법 로마자 표기법은 표준 발음법에 따라 적는 것을 원칙으로 하나 예외가 많습니다. 최근에는 드라마 제목이나 음식 이름 등의 표현을 묻는 문제가 출제되기도 했으니, 표기 규칙을 다양한 단어에 적용해 보는 연습이 필요해요.

1 자음과 모음의 로마자 표기

1. 자음의 로마자 표기

ㅂ	ㅍ	ㅃ	ㄷ	ㅌ	ㄸ	ㄱ	ㅋ	ㄲ	
b, p	p	pp	d, t	t	tt	g, k	k	kk	
ㅈ	ㅊ	ㅉ	ㅅ	ㅆ	ㅎ	ㄴ	ㅁ	ㅇ	ㄹ
j	ch	jj	s	ss	h	n	m	ng	r, l

2. 모음의 로마자 표기

ㅏ	ㅓ	ㅐ	ㅔ	ㅗ	ㅜ	ㅚ	ㅟ	ㅡ	ㅣ
a	eo	ae	e	o	u	oe	wi	eu	i
ㅑ	ㅕ	ㅒ	ㅖ	ㅛ	ㅠ	ㅘ	ㅝ	ㅙ	ㅞ	ㅢ
ya	yeo	yae	ye	yo	yu	wa	wo	wae	we	ui

> 😊 **수지쌤의 친절한 TIP**
>
> 1. 'ㅢ'는 'ㅣ'로 소리 나더라도 'ui'로 적어요.
>   '의'는 구성상 'ㅡ+ㅣ'로 분석되어 'eui'로 표기함이 체계적이나, 모음 하나를 기호(로마자) 세 개로 표기하는 것은 번거로우므로 'ui'로 단순화하게 된 것입니다. 또한 우리말에서 자음을 첫소리로 가지고 있는 음절의 'ㅢ'는 [ㅣ]로 발음하므로 '희망[히망] himang'와 같이 표기해야 하지만, 로마자 표기법에 따라 'huimang'로 적습니다. 이는 표준 발음법에 따라 적는 원칙에서 벗어난 것이지만, 언중이 '의'를 'ㅣ'로 표기하는 것을 낯설게 여기는 점을 고려하여 예외로 인정한 것이지요.
>   **예** 광희문 Gwanghuimun
> 2. 장모음의 표기는 따로 하지 않아요.

2 표기상의 유의점

제1항 음운 변화가 일어날 때에는 변화의 결과에 따라 적는다. ☆

백마 Baengma

다만, 체언에서 'ㄱ, ㄷ, ㅂ' 뒤에 'ㅎ'이 따를 때에는 'ㅎ'을 밝혀 적는다.

묵호 Mukho   집현전 Jiphyeonjeon

[붙임] 된소리되기는 표기에 반영하지 않는다.

낙동강 Nakdonggang

제2항 발음상 혼동의 우려가 있을 때에는 음절 사이에 붙임표(-)를 쓸 수 있다. ☆

중앙 Jung-ang

제3항 고유 명사는 첫 글자를 대문자로 적는다.

부산 Busan

제4항 인명은 성과 이름의 순서로 띄어 쓴다. 이름은 붙여 쓰는 것을 원칙으로 하되 음절 사이에 붙임표(-)를 쓰는 것을 허용한다.(( ) 안의 표기를 허용함.)

한복남 Han Boknam (Han Bok-nam)

제5항 '도, 시, 군, 구, 읍, 면, 리, 동'의 행정 구역 단위와 '가'는 각각 'do, si, gun, gu, eup, myeon, ri, dong, ga'로 적고, 그 앞에는 붙임표(-)를 넣는다. 붙임표(-) 앞뒤에서 일어나는 음운 변화는 표기에 반영하지 않는다. ☆

인왕리 Inwang-ri

제6항 자연 지물명, 문화재명, 인공 축조물명은 붙임표(-) 없이 붙여 쓴다. ☆

남산 Namsan

제7항 인명, 회사명, 단체명 등은 그동안 써 온 표기를 쓸 수 있다.

구분	단어	로마자 표기	구분	단어	로마자 표기
1	갈비찜	galbijjim	11	사직단	Sajikdan
2	경포대	Gyeongpodae	12	송편	songpyeon
3	김말이	gimmari	13	연화교	Yeonhwagyo
4	꽃게장	kkotgejang	14	의상대	Uisangdae
5	동묘	Dongmyo	15	잡채	japchae
6	떡국	tteokguk	16	죽변	Jukbyeon
7	떡볶이 ☆	tteokbokki	17	첨성대 ☆	Cheomseongdae
8	멧나물	mennamul	18	촉석루	Chokseongnu
9	묵호	Mukho	19	칼국수	kalguksu
10	비빔밥 ☆	bibimbap	20	퇴계로 (교통 지명)	Toegyero

🔊 기출로 바로 체크

다음 설명 중 적절한 것은 ○, 적절하지 않은 것은 × 표시하시오.

01 '남산'은 붙임표를 넣어 'Nam-san'으로 적는다. (○, ×) 2번 출제

02 행정 구역 '인왕리'는 붙임표를 넣어 'Inwang-ri'로 적는다. (○, ×) 1번 출제

03 '중앙'은 발음상 혼동을 방지하기 위해 'Jung-ang'로 적을 수 있다. (○, ×) 1번 출제

정답 | **01** ×, 남산(Namsan)   **02** ○   **03** ○

II. 어법
국어의 음운

출제빈도 ★★★

> **수지쌤의 비법**
> 음운은 뜻을 구별해 주는 최소 단위로 '말소리'라는 측면에서 발음과 연관이 큽니다. 특히 소리의 길이에 따른 의미 차이를 묻는 문제가 출제된 적도 있으므로 이 부분을 염두에 두면 좋겠죠.

1 음운 ☆ 소리의 장단, 고저, 세기 등도 음운에 포함돼요.

말의 뜻을 구별하여 주는 소리의 가장 작은 단위로, 사람들이 같은 음이라고 생각하는 추상적 소리

1. 음소와 운소

① 음소: 더 이상 작게 나눌 수 없는 음운론상의 최소 단위

② 운소: 단어의 의미를 분화하는 데 관여하는 음소 이외의 운율적 특징. 소리의 높낮이, 길이, 세기 따위가 있음

③ 최소 대립쌍: 같은 자리에 있는 음운으로 인해 뜻이 구별되는 단어의 쌍

　　예 손:산, 말:발

2. 모음: 성대의 진동을 받은 소리가 목, 입, 코를 거쳐 나오면서, 그 통로가 좁아지거나 완전히 막히거나 하는 따위의 장애를 받지 않고 나는 소리

① 단모음: 소리를 내는 도중에 입술 모양이나 혀의 위치가 달라지지 않는 모음

혀의 높이 ＼ 혀의 전후 위치 입술 모양	전설 모음		후설 모음	
	평순 모음	원순 모음	평순 모음	원순 모음
고모음	ㅣ	ㅟ	ㅡ	ㅜ
중모음	ㅔ	ㅚ	ㅓ	ㅗ
저모음	ㅐ		ㅏ	

② 이중 모음: 입술 모양이나 혀의 위치를 처음과 나중이 서로 달라지게 하여 내는 모음. 구성 요소 중 하나는 단모음이고 다른 하나는 반모음임

반모음 'ㅣ'를 포함하는 이중 모음('ㅣ(j)'계 이중 모음)	ㅑ, ㅕ, ㅛ, ㅠ, ㅒ, ㅖ, ㅢ
반모음 'ㅗ/ㅜ'를 포함하는 이중 모음('ㅗ/ㅜ(w)'계 이중 모음)	ㅘ, ㅝ, ㅙ, ㅞ

③ 반모음: 모음과 같이 발음하지만 음절을 이루지 못하는 아주 짧은 모음

3. **자음**: 목, 입, 혀 따위의 발음 기관에 의해 구강 통로가 좁아지거나 완전히 막히는 따위의 장애를 받으며 나는 소리

조음 방법 \ 조음 위치		양순음 (입술소리)	치조음 (잇몸소리)	경구개음 (센입천장 소리)	연구개음 (여린입천장 소리)	후음 (목청소리)
파열음	예사소리	ㅂ	ㄷ		ㄱ	
	된소리	ㅃ	ㄸ		ㄲ	
	거센소리	ㅍ	ㅌ		ㅋ	
파찰음	예사소리			ㅈ		
	된소리			ㅉ		
	거센소리			ㅊ		
마찰음	예사소리		ㅅ			ㅎ
	된소리		ㅆ			
비음		ㅁ	ㄴ		ㅇ	
유음			ㄹ			

4. 소리의 길이

예
- 눈[雪]: [눈:], 눈[眼]: [눈]
- 말[言]: [말:], 말[馬, 斗]: [말]
- 밤[栗]: [밤:], 밤[夜]: [밤]
- 함박[함박] + 눈[눈:] → 함박눈[함방눈]
- 한국[한:국] + 말[말:] → 한국말[한:궁말]
- 성인(聖人)[성:인], 성인(成人)[성인]

수지쌤의 친절한 TIP

긴소리는 원칙적으로 단어의 첫째 음절에서 나타나는데, 본래 길게 발음되던 것도 합성어나 파생어의 후행 요소로 쓰이면 짧은소리로 발음되는 경향이 있습니다.

기출로 바로 체크

다음 설명 중 적절한 것은 ○, 적절하지 않은 것은 × 표시하시오.

01 자음 'ㅂ'은 파열음, 예사소리, 치조음이다. (○, ×) 1번 출제

02 모음 'ㅣ'는 단모음, 전설 모음, 평순 모음, 고모음이다. (○, ×) 1번 출제

정답 | **01** ×, ㄷ **02** ○

II. 어법
품사

출제빈도 ★★★

수지쌤의 비법 품사는 문법적 성질이 공통된 단어들끼리 모아 분류해 놓은 갈래입니다. 각 품사의 의미와 특징을 정확히 알고 있어야 다른 문법 개념들을 분명히 이해할 수 있게 되므로 철저한 개념 정리가 필요해요.

1 명사

1. **개념**: 대상의 이름을 나타내는 단어

2. **사용 범주에 따른 분류**

   ① 고유 명사: 낱낱의 특정한 사물이나 사람을 다른 것들과 구별하여 부르기 위하여 고유의 기호를 붙인 이름

   예 이순신, 백두산

   ② 보통 명사: 같은 종류의 모든 사물에 두루 쓰이는 명사

   예 꽃, 나무

3. **자립성 여부에 따른 분류**

   ① 자립 명사: 다른 말의 도움을 받지 아니하고 단독으로 쓰일 수 있는 명사

   예 나무, 하늘

   ② 의존 명사: 의미가 형식적이어서 다른 말 아래에 기대어 쓰이는 명사

   예 것, 뿐, 따름

2 대명사

1. **개념**: 사람, 사물, 장소의 이름을 대신하여 가리키는 단어

2. **분류**

   ① 인칭 대명사: 사람의 이름 대신 쓰이는 말

   예 나, 너, 그

   ② 지시 대명사: 사물이나 장소 등을 가리키는 말

   예 • 사물: 그것, 이것, 저것
      • 장소: 여기, 거기, 저기

3 수사

1. **개념**: 사물의 수량이나 순서를 나타내는 단어

2. **분류**

　① 양수사: 사물의 수량을 나타내는 말
　　　예 하나, 둘
　② 서수사: 사물의 순서를 나타내는 말
　　　예 첫째, 둘째

4 조사 ☆

1. **개념**: 체언 뒤에 붙어서 다른 말과의 문법적 관계를 나타내 주거나 특별한 뜻을 더해 주는 역할을 하는 단어

2. **분류**

　① 격 조사: 앞에 오는 체언에 붙어 문장 안에서 일정한 자격을 갖게 하는 조사
　　• 주격 조사 예 이/가, 에서, 께서　　　• 관형격 조사 예 의
　　• 목적격 조사 예 을/를　　　　　　　• 부사격 조사 예 에, 에서, 에게
　　• 보격 조사 예 이/가　　　　　　　　• 호격 조사 예 아/야/이여
　　• 서술격 조사 예 이다
　② 보조사: 주어, 목적어, 보어 등 여러 자리에 두루 붙어 특별한 의미를 덧붙이는 조사
　　　예 은/는(대조), 도(역시), 만(유일), 뿐(오직)
　③ 접속 조사: 두 단어나 구를 같은 자격으로 이어 주는 조사
　　　예 와/과, (이)랑, (이)나, 하고

5 동사

1. **개념**: 대상의 동작이나 작용을 나타내는 단어

2. **분류**

　① 동작 동사: 사람이나 동물의 움직임을 나타내는 동사
　　　예 먹다, 자다
　② 작용 동사: 자연의 움직임을 나타내는 동사
　　　예 흐르다, 불다

6 형용사

1. **개념**: 대상의 성질이나 상태를 나타내는 단어

2. **분류**

　① 성상 형용사: 성질이나 상태를 나타내는 형용사

　　예 좋다, 깨끗하다

　② 지시 형용사: 선행 형용사를 다시 가리키는 형용사

　　예 이러하다, 그러하다, 저러하다

> 🌼 **수지쌤의 친절한 TIP**
>
> **동사와 형용사의 구별법**
> 1. 동사는 '-ㄴ(는)다', '-는'이라는 현재형 어미와 결합이 가능하지만, 형용사는 결합이 불가능해요.
>   **예** • 동사: 먹다 → 먹는다(○), 자다 → 자는(○)
>   　　　 • 형용사: 예쁘다 → 예쁜다(×), 귀엽다 → 귀엽는(×)
> 2. 동사는 명령형, 청유형 어미와 결합이 가능하지만, 형용사는 결합이 불가능해요.
>   **예** • 동사: 앉다 → 앉아라(명령형○), 앉자(청유형○)
>   　　　 • 형용사: 많다 → 많아라(명령형×), 많자(청유형×)

7 관형사 ☆

1. **개념**: 체언을 꾸며 주는 역할을 하는 단어

2. **분류**

　① 성상 관형사: 사물의 성질이나 상태를 명확히 해 주는 관형사

　　예 옛, 새, 헌

　② 지시 관형사: 어떤 대상을 가리키는 관형사

　　예 이, 저, 그

　③ 수 관형사: 대상의 수량을 나타내는 관형사

　　예 한, 두

8 부사 ☆

1. **개념**: 주로 용언을 꾸미고, 때로는 문장 전체나 다른 부사, 명사를 꾸미기도 하는 단어

2. **분류**

　① 성분 부사: 문장의 한 성분을 꾸며 주는 부사

- 성상 부사: 사람이나 사물의 상태, 성질을 한정하여 꾸며 주는 부사
  예 잘, 매우, 바로
- 지시 부사: 처소나 시간을 가리켜 한정하거나 앞의 이야기에 나온 사실을 가리키는 부사
  예 이리, 그리, 내일, 오늘
- 부정 부사: 용언의 앞에 놓여 용언의 의미를 부정하는 부사
  예 아니, 안, 못
② 접속 부사: 문장이나 단어를 이어 주는 부사
  예 그러나, 즉, 또는, 및

9 감탄사

1. **개념**: 말하는 이의 본능적인 놀람이나 느낌, 부름, 응답 따위를 나타내는 단어
   예 이크, 여보게, 야호, 예

🌼 이해쏙쏙 배경지식
품사의 종류

형태		기능	예
불변어	체언	문장의 주체적인 성분을 이룸	명사, 대명사, 수사
	수식언	다른 말을 수식하거나 한정함	관형사, 부사
	독립언	문장에서 독립적으로 쓰임	감탄사
가변어	관계언	다른 말과의 관계를 나타냄	조사
			서술격 조사 '이다'
	용언	문장에서 서술어의 기능을 함	동사, 형용사

⚡ 기출로 바로 체크

밑줄 친 부분의 품사를 쓰시오.

01 동생의 손이 따뜻하다.　　　　　[　　] 5번 출제
02 그는 강아지 한 마리와 함께 산다.　[　　] 3번 출제
03 우리가 과연 이 일을 해낼 수 있을까?　[　　] 3번 출제

정답 | 01 조사　**02** 관형사　**03** 부사

II. 어법
단어의 형성 방법

출제빈도 ★★★

수지쌤의 비법
단어의 형성 방법은 단어의 종류, 단어의 성격이라는 말로 묻는 경우가 있으니 주의해야 합니다. 또한 접사와 어근의 의미, 통사적 합성어와 비통사적 합성어의 예 등도 살펴 두어야 하지요.

1 단어의 종류

1. **단일어**: 하나의 어근으로만 이루어진 단어
   예 하늘, 나무, 별

2. **복합어**: 둘 이상의 어근이나, 어근과 접사가 결합하여 이루어진 단어
   ① 파생어: 어근과 접사가 결합된 단어
   예 맨몸 = 맨-(접사) + 몸(어근), 새파랗다 = 새-(접사) + 파랗다(어근)
   ② 합성어: 둘 이상의 어근이 결합된 단어
   예 밤나무 = 밤(어근) + 나무(어근), 여닫다 = 열(어근) + 닫다(어근)

> 🌸 **이해쏙쏙 배경지식**
>
> **어근과 접사**
> 1. 어근: 실질적 의미를 나타내는 중심 부분
> 2. 접사: 어근의 앞뒤에 붙어 형식적 의미를 나타내는 주변 부분

구분		의미	예
위치에 따라	접두사	어근 앞에 놓이는 접사	맨손, 덧버선
	접미사	어근 뒤에 놓이는 접사	덮개, 사람들
기능에 따라	한정적 접사	품사는 그대로 두고 어근의 뜻만 제한하는 접사	놓치다, 높다랗다
	지배적 접사	품사를 바꾸는 접사	울음(동사 → 명사), 학생답다(명사 → 형용사)

2 합성법의 유형 ☆

1. **통사적 합성법**: 우리말의 일반적 어순이나 단어 배열과 같은 합성법

형성 방식	예
명사+명사	돌다리, 길바닥, 돌부처, 이슬비, 눈물, 집안
관형사+명사	새해, 첫사랑
관형사형+명사	늙은이, 젊은이, 굳은살, 군밤, 디딜방아
주어+서술어	힘들다, 철들다, 정들다, 낯설다, 형편없다, 배부르다
목적어+서술어	본받다, 힘쓰다, 장가들다, 애쓰다
부사어+서술어	앞서다, 뒤서다
용언의 연결형 (어간+연결 어미)+어간	돌아가다, 알아보다, 찾아보다, 스며들다

2. **비통사적 합성법**: 우리말의 일반적 어순이나 단어 배열에 어긋난 합성법

형성 방식	예
용언의 어간+명사	꺾쇠, 검버섯
용언의 어간+용언의 어간	날뛰다, 오르내리다, 우짖다, 굶주리다, 굳세다
부사+명사	부슬비, 산들바람, 척척박사

> 🌸 **수지쌤의 친절한 TIP**
>
> 우리말에서 조사는 생략이 가능하나, 어미는 생략되지 않습니다. 그러므로 어미가 생략되면 비통사적 합성어가 되지요.

3 파생어의 유형 ☆

1. **접두사에 의한 파생**: 접두사는 특정한 뜻을 더하거나 강조하면서 새말을 만들지만 품사를 바꾸지는 못함

   [예] • 헛기침(헛-+기침) '이유 없는', '보람 없는'의 뜻을 더하는 접두사
   • 풋사과(풋-+사과) '처음 나온', 또는 '덜 익은'의 뜻을 더하는 접두사

2. **접미사에 의한 파생**: 접두사로 이루어진 파생어보다 종류가 많으며 특정한 뜻을 더할 뿐 아니라, 어근의 품사를 바꾸기도 함

   [예] • 걸레질(걸레+-질) '그 도구를 가지고 하는 일'의 뜻을 더하는 접미사
   • 어른스럽다(어른+-스럽다) '그러한 성질이 있음'의 뜻을 더하고 형용사를 만드는 접미사

> ### 🌸 이해쏙쏙 배경지식
>
> **직접 구성 성분**
>
> 언어를 층위를 두고 분석할 때, 일차적으로 분석되는 성분이다. 우선 단어의 뜻을 바탕으로 크게 두 성분으로 구분하고, 이를 다시 세부 성분으로 분석하는 방법이다.
>
> [예] • 뜨개질: 동사 '뜨다'의 어근 '뜨'에 접미사 '-개'가 결합한 파생어 '뜨개'에 접미사 '-질'이 붙어 만들어진 파생어이다.
>
>
>
> | 뜨 | -개 | -질 |
>
> • 코웃음: 동사 '웃다'의 어근 '웃-'에 접미사 '-음'이 결합한 파생어 '웃음'에 명사 '코'가 붙어 만들어진 합성어이다.
>
>
>
> | 코 | 웃- | -음 |

🖍 기출로 바로 체크

다음 단어 중 합성어와 파생어를 모두 골라 쓰시오.

눈물, 맨손, 새해, 덧버선, 돌다리, 첫사랑

01 합성어 9번 출제 → [   ]
02 파생어 12번 출제 → [   ]

정답 | **01** 눈물, 새해, 돌다리, 첫사랑 **02** 맨손, 덧버선

POINT 35

Ⅱ. 어법
용언의 활용

출제빈도 ★★

수지쌤의 비법

용언은 동사와 형용사를 통틀어 이르는 말로, 활용을 할 수 있지요. 규칙 활용과 불규칙 활용의 의미와 종류를 함께 확인하고, 특히 불규칙 활용이 나타나는 환경과 달라지는 형태 그리고 그 예를 꼼꼼히 살펴볼 것을 권합니다!

1 의미

활용이란 용언의 어간(활용할 때 형태가 변하지 않는 부분)에 어미(어간 뒤에 붙어 형태가 변하는 부분)가 다양하게 결합하는 현상으로, 어간에 종결 어미 '-다'를 붙인 형태가 '기본형'임

예 뛰다: 뛰고, 뛰니, 뛰어서 → 어간: 뛰-, 어미: -고/-니/-어서

2 종류

1. **규칙 활용** ☆: 어간과 어미가 결합하는 과정에서 어간, 어미 모두 형태의 변화가 없거나 그 형태가 변하더라도 특정 규칙으로 변화를 설명할 수 있는 활용

   예 먹다: 먹어, 먹고, 먹으니

2. **불규칙 활용** ☆: 어간과 어미가 결합하는 과정에서 어간이나 어미의 형태가 바뀌어서 불규칙적인 모습을 보이는 활용

   ① 어간이 바뀌는 경우

구분	의미	예
'ㅅ' 불규칙	어간의 끝소리 'ㅅ'이 모음 어미 앞에서 탈락	• 짓+어 → 지어 • 낫+아 → 나아
'ㅂ' 불규칙	어간의 끝소리 'ㅂ'이 모음 어미 앞에서 '-오/-우'로 바뀜	• 돕+아 → 도와 • 무겁+어 → 무거워
'ㄷ' 불규칙	어간의 끝소리 'ㄷ'이 모음 어미 앞에서 'ㄹ'로 바뀜	• 싣+어 → 실어 • 일컫+어 → 일컬어
'르' 불규칙	어간의 끝소리 '르'가 모음 어미 앞에서 'ㄹㄹ'로 바뀜	• 오르+아 → 올라 • 이르+어 → 일러[謂, 早]
'우' 불규칙	어간의 끝소리 '우'가 모음 어미 앞에서 탈락	푸+어 → 퍼

② 어미가 바뀌는 경우

구분	의미	예
'여' 불규칙	어미의 첫소리 '아'가 '하-' 뒤에서 '여'로 바뀜	하+아 → 하여
'러' 불규칙	어미의 첫소리 '어'가 '르'로 끝나는 어간 뒤에서 '러'로 바뀜	이르+어 → 이르러[至]
'오' 불규칙	'달-/다-'의 명령형 어미로 '-오'가 나타남	다오

③ 어간과 어미가 모두 바뀌는 경우

구분	의미	예
'ㅎ' 불규칙	모음 '-아/어'로 시작하는 어미 앞에서 어간의 'ㅎ'이 탈락하면서 어미도 바뀜	빠닿+아 → 파래

🌼 **이해쏙쏙 배경지식**

본용언과 보조 용언

1. 본용언: 문장의 주체를 주되게 서술하면서 보조 용언의 도움을 받는 용언
2. 보조 용언: 본용언과 연결되어 의미를 보충해 주는 용언
   예 ・빵을 먹어(본용언) 보아라(보조 용언).
   ・불이 꺼져(본용언) 간다(보조 용언).

⚡ **기출로 바로 체크**

밑줄 친 용언의 활용형이 적절한 것은 ○, 적절하지 않은 것은 × 표시하시오.

01 시골에 집을 <u>짓어</u> 살 예정이다. (○, ×) 1번 출제
02 연말에 <u>이르어서야</u> 공사를 시작하였다. (○, ×) 3번 출제
03 오늘따라 하늘이 더 <u>파래서</u> 기분이 좋다. (○, ×) 1번 출제

정답 │ **01** ×, 지어   **02** ×, 이르러서야   **03** ○

II. 어법
문장 성분

출제빈도 ★★

수지쌤의 비법 문장 성분은 문장을 이루는 요소로, 문장 내에서 단어가 하는 역할을 의미합니다. 따라서 동일한 단어가 각각의 문장에서 다른 역할을 할 수 있다는 점을 염두에 두고 품사와 문장 성분을 구분할 수 있도록 연습하세요.

1 문장 성분의 구분

1. **주성분**: 문장의 골격을 이루는 필수 성분으로, '주어', '서술어', '목적어', '보어'가 있음

2. **부속 성분**: 주성분을 꾸며 뜻을 더하여 주는 성분으로, '관형어', '부사어'가 있음

3. **독립 성분**: 문장의 주성분이나 부속 성분과 직접적인 관련을 맺지 아니하고 따로 떨어져 있는 성분으로, '독립어'가 있음

2 주성분

1. **주어**: 문장에서 상태나 동작 또는 성질의 주체를 나타내는 문장 성분으로, '누가, 무엇이'에 해당
   > 예 선주는 감나무를 키웠다. / 정부에서 대책을 발표했다.

2. **서술어**: 주어의 상태, 동작, 성질 따위를 풀이하는 기능을 하는 문장 성분으로, '어찌하다, 어떠하다, 무엇이다'에 해당. 필요로 하는 문장 성분의 수에 따라 서술어의 자릿수가 달라짐
   > 예 민주가 숲길을 걸었다. / 하늘이 파랗다. / 낫은 농기구이다.

3. **목적어**: 서술어의 행위나 동작의 대상이 되는 문장 성분으로, '누구를, 무엇을'에 해당
   > 예 성재는 동생을 좋아한다. / 우리는 해결책을 알고 있다.

4. **보어**: 서술어 '되다, 아니다' 앞에 놓여 서술어를 보충해 주는 문장 성분으로, 보격 조사 '이/가'와 결합함
   > 예 물이 얼음이 되었다. / 휠체어는 자동차가 아니다.

3 부속 성분 ☆

1. **관형어**: 체언 앞에서 체언을 꾸며서 그 의미를 한정해 주는 문장 성분으로, '어떤, 무슨'에 해당.
   예 그는 <u>새</u> 책을 집었다. / 민지는 <u>예쁜</u> 아이이다.

2. **부사어**: 서술어를 비롯한 관형어, 다른 부사어, 문장 전체를 수식하거나 문장이나 단어를 이어 주는 문장 성분으로, '어떻게, 어디서, 언제, 누구와' 등에 해당
   예 그 건물은 <u>빨리</u> 완공되었다. / 관희는 <u>친구와</u> 노래를 불렀다.

4 독립 성분

1. **독립어**: 문장의 다른 성분과 직접적인 관련 없이 독립적으로 쓰이는 문상 성분으로, 일반적으로 감탄사, 체언에 호격 조사가 붙은 형태, 제시어, 대답하는 말 등이 해당
   예 <u>으악!</u> 어쩌면 좋아. / <u>청춘</u>, 이는 듣기만 해도 가슴 설레는 말이다.

🐸 이해쏙쏙 배경지식

서술어의 자릿수

서술어가 요구하는 필수 성분의 개수를 서술어의 자릿수라 한다. 서술어가 필요로 하는 문장 성분의 개수에 따라 한 자리 서술어, 두 자리 서술어, 세 자리 서술어로 나눌 수 있다.

예	서술어의 자릿수	필요로 하는 필수 성분
비가 <u>내린다</u>.	1	주어(비가)
영희가 밥을 <u>먹었다</u>.	2	주어(영희가), 목적어(밥을)
나는 너와 <u>다르다</u>.	2	주어(나는), 필수적 부사어(너와)
영희가 철수를 동생으로 <u>삼았다</u>.	3	주어(영희가), 목적어(철수를), 필수적 부사어(동생으로)

🗲 기출로 바로 체크

다음 설명에 해당하는 문장 성분을 쓰시오.

01 체언 앞에서 체언을 꾸며 그 의미를 한정해 주는 문장 성분
: [   ] 2번 출제

02 용언, 관형어, 부사어, 문장 전체를 수식하거나 문장이나 단어를 이어 주는 문장 성분
: [   ] 3번 출제

정답 | **01** 관형어   **02** 부사어

POINT 37

II. 어법
문장의 종류

출제빈도 ★★

> **수지쌤의 비법**
>
> 문장의 기본 골격은 '주어'와 '서술어'입니다. 그런데 이러한 골격을 갖추고도 독립된 문장이 아닌 다른 문장의 성분으로 쓰이는 경우를 '절'이라고 하지요. 문장과 절을 혼동하지 않아야 문장의 종류를 파악할 수 있습니다.

1 홑문장 ☆

1. 개념: 주어와 서술어가 한 번 결합한 문장

예 그는 학교에 도착했다.

2 겹문장

1. 개념: 주어와 서술어가 두 번 이상 결합한 문장

2. 안은문장과 안긴문장

① 안은문장: 안긴문장을 포함한 전체 문장

② 안긴문장: 안은문장 속에 절(節)의 형태로 포함되어 있는 문장

종류	설명
명사절을 안은 문장 ☆	문장에서 명사처럼 쓰여 주어, 목적어 등의 기능을 하는 절로, 명사형 어미 '-(으)ㅁ, -기' 등을 통해 실현 예 그가 범인임이 밝혀졌다.
관형절을 안은 문장 ☆	문장에서 관형어의 기능을 하는 절로, 관형사형 어미 '-(으)ㄴ, -는, -던, -(으)ㄹ'을 통해 실현 예 이 책은 내가 읽던 책이다.
부사절을 안은 문장	문장에서 부사와 같이 문장 성분 또는 문장 전체를 수식하는 기능을 하는 절로, 부사 파생 접미사 '-이', 활용 어미 '-(아)서', '-게', '-도록' 등을 통해 실현 예 어머니께서는 말씀도 없이 방으로 들어가셨다.
서술절을 안은 문장 ☆	문장에서 서술어로 쓰이는 절로, 서술어 한 개에 주어가 두 개 이상 있는 것처럼 보이는 문장 예 코끼리는 코가 길다.

인용절을 안은 문장 ☆	말하는 이의 생각 또는 남의 말을 인용한 문장을 인용의 부사격 조사로 표현한 절로, 직접 인용을 나타내는 조사 '라고'나 간접 인용을 나타내는 조사 '고'를 통해 실현 **예** 현정이는 "나는 하늘을 날 거야."라고 말했다.

3. 이어진 문장

종류	설명
대등하게 이어진 문장	두 개 이상의 홑문장이 '-고, -(으)며, -(으)나, -지만'과 같은 대등적 연결 어미에 의해 이어진 문장으로, 나열, 대조, 선택 등의 의미 관계를 가짐 **예** ・되로 주고, 말로 받는다. 　　・인생은 짧지만, 예술은 길다.
종속적으로 이어진 문장 ☆	두 개 이상의 홑문장이 '-(아)서, -(으)면, -(으)려고, -(으)ㄹ지라도'와 같은 종속적 연결 어미에 의해 이어진 문장으로, 앞 절이 뒤 절에 대해 이유, 조건, 배경, 양보, 의도, 전환 등의 의미 관계를 가짐 **예** ・비가 와서, 날이 춥다. 　　・가족이 없으면 나도 없다.

기출로 바로 체크

왼쪽 문장의 종류를 오른쪽에서 찾아 연결하시오.

01 우리 오빠는 키가 매우 크다.　・

02 그녀는 축구를 정말 좋아한다.　・

03 나는 그가 사는 동네로 이사하였다. ・

・ㄱ. 홑문장　5번 출제

・ㄴ. 관형절을 안은 문장　4번 출제

・ㄷ. 서술절을 안은 문장　4번 출제

정답 | **01**-ㄷ　**02**-ㄱ　**03**-ㄴ

POINT 38

II. 어법
사동과 피동

출제빈도 ★★

 수지쌤의 비법   사동과 피동은 각각 '시킨다', '당한다'의 의미가 더해진 표현으로 사동의 반대는 주동, 피동의 반대는 능동이라고 합니다. 사동과 피동을 만드는 방법과 사동 표현의 남용, 이중 피동에 유의해서 살펴보세요.

1 사동

1. **주동(主動)**: 주체가 어떤 동작을 직접 하는 것을 의미

2. **사동(使動)**: 주체가 다른 주체에게 어떤 동작을 하도록 시키는 것을 의미

　① 파생적 사동: 용언의 어간 + 사동 접미사 '-이-, -히-, -리-, -기-, -우-, -구-, -추-'

　　예 사람들이 길을 넓힌다.

　② 통사적 사동: 용언의 어간 + '-게 하다'

　　예 형은 동생에게 짐을 지게 했다.

> ### ✿ 수지쌤의 친절한 TIP
>
> **사동 표현의 중의성**
> 주어의 직접적 행위를 의미할 수도 있고, 간접적 행위를 의미할 수도 있어요.
> **예** 어머니께서 아들에게 옷을 입히셨다.
> 　→ 의미: 어머니께서 직접 아들에게 옷을 입히셨다. (직접적 행위)
> 　　　　/어머니께서 아들이 스스로 옷을 입도록 시키셨다. (간접적 행위)
>
> **사동 표현의 남용**
> 사동 접미사 '-시키다'를 불필요하게 사용하면 사동 표현을 남용한 셈이 됩니다.
> **예** 좋은 사람 있으면 소개시켜 줘(×) → 좋은 사람 있으면 소개해 줘(○)

2 피동 ☆

1. **능동(能動)**: 주체가 어떤 동작을 자기의 힘으로 하는 것을 의미

2. **피동(被動)**: 주체가 다른 주체에 의해서 어떤 동작을 당하게 되는 것을 의미

　① 파생적 피동: 타동사의 어간 + 피동 접미사 '-이-, -히-, -리-, -기-'

　　예 쥐가 고양이한테 물렸다.

　② 통사적 피동: 용언의 어간 + '-아/-어지다, -게 되다'

　　예 밧줄이 끊어졌다.

😊 수지쌤의 친절한 TIP

이중 피동

이중 피동이란 피동 접사와 '-어지다'를 겹쳐 쓰는 경우로, '이 책은 많은 사람들에게 읽혀졌다.', '열려진 창문 너머로 무지개가 보인다.' 등의 예문을 통해 확인할 수 있습니다. 그런데 이와 같은 이중 피동은 국문법에서 허용하지 않는 비문이므로 '~ 읽혔다.', '열린 창문 너머로 ~'와 같은 형태로 고쳐 써야 해요.

😊 이해쏙쏙 배경지식

피동과 사동의 구분

사동 접사 '-이-, -히-, -리-, -기-, -우-, -구-, -추-'와 피동 접사 '-이-, -히-, -리-, -기-' 중 '-이-, -히-, -리-, -기-'는 형태가 동일하다. 아래의 '먹다'와 같이 결합한 접사의 형태가 다를 수 있으며, '보다'와 같이 사동사와 피동사의 모양이 같을 수도 있다. 따라서 문장에서 사동과 피동의 의미를 정확히 살펴 사동사와 피동사를 구별해야 한다.

예 먹다: 먹이다(사동사)/먹히다(피동사)
　• 의사가 아이에게 가루약을 먹였다.(사동사)
　• 붕어가 왜가리에게 먹혔다.(피동사)

예 보다: 보이다(사동사)/보이다(피동사)
　• 일기장을 네게만 보일게.(사동사)
　• 저 구름이 보이니?(피동사)

기출로 바로 체크

다음 설명 중 적절한 것은 ○, 적절하지 않은 것은 × 표시하시오.

01　이중 피동은 파생적 피동과 통사적 피동이 함께 쓰인 형태이다. (○, ×)　16번 출제

02　파생적 피동은 타동사의 어간에 접미사 '-우-, -구-, -추-' 등을 결합하여 이룬다. (○, ×)

　　　　　　　　　　　　　　　　　　　　　　　　　　　　　　　　　5번 출제

정답 | **01** ○　　**02** ×, '-이-, -히-, -리-, -기-'

POINT 39

II. 어법

높임 표현

출제빈도 ★★★

> **수지쌤의 비법**
> 높임 표현은 화자가 어떤 대상, 상대에 대하여 그의 높고 낮은 정도를 언어로 구별하는 것입니다. 높임의 종류는 다양하지만 대화 상황에서는 청자를 높이거나 낮출 수밖에 없으므로 항상 상대 높임이 실현된다는 점을 기억하세요.

1 주체 높임법 ☆

1. **개념**: 서술상의 주체가 화자보다 나이가 많거나 사회적 지위가 높을 때 서술의 주체를 높이는 표현

2. **실현 방법**

   ① 주체 높임 선어말 어미와 주격 조사에 의한 실현: 주체 높임 선어말 어미 '-(으)시-'를 붙이거나 주격 조사 '이/가' 대신 '께서'를 씀

   예 아버지께서 그 길을 걸으신다.

   ② 특수 어휘에 의한 실현: '계시다', '주무시다' 등을 사용

   예 선생님께서는 교실에 계십니다.

   > ### 💀 수지쌤의 친절한 TIP
   >
   > **간접 높임** ☆
   >
   > 높여야 할 대상의 '신체, 소유물, 생각' 등과 관련된 서술어에 주체 높임 선어말 어미 '-(으)시-'를 결합시켜 주체를 간접적으로 높입니다.
   >
   > **예** • 선생님의 말씀이 있으시겠습니다.
   > • 저희 할머니께서는 귀가 밝으십니다.
   > • 선생님은 생각이 따로 있으시겠지.
   >
   > **압존법**
   >
   > 서술의 주체가 화자보다 높고, 청자가 주체보다 높으면 주체를 높이지 않아요.
   >
   > **예** 할머니, 아버지가 지금 퇴근했습니다.

2 객체 높임법 ☆

1. **개념**: 목적어나 부사어가 지시하는 대상, 곧 서술의 객체를 높이는 표현

2. **실현 방법**

　① 부사격 조사에 의한 실현: '에게' 대신 '께'를 사용

　　예 아버지가 할아버지께 책을 드렸습니다.

　② 특수 어휘에 의한 실현: '드리다', '모시다', '여쭙다' 등의 어휘를 사용

　　예 나는 아버지를 <u>모시고</u> 병원에 갔다.

3 상대 높임법 ☆

1. **개념**: 화자가 청자를 높이거나 낮추는 표현으로, 다양한 종결 어미를 사용하여 실현

구분	격식체				비격식체	
	해라체 (아주낮춤)	하게체 (예사낮춤)	하오체 (예사높임)	하십시오체 (아주높임)	해체 (두루낮춤)	해요체 (두루높임)
평서형	-(는/ㄴ)다	-네	-(으)오	-ㅂ니다, -습니다	-아/-어	-아요/-어요
의문형	-(느)냐?, -니?	-(느)ㄴ가?	-(으)오?	-ㅂ니까?, -습니까?	-아/-어?	-아요 /-어요?
명령형	-(어)라 /-(아)라	-게	-(으)오	-(으)ㅂ시오	-아/-어	-아요/-어요
청유형	-자	-세	-(으)ㅂ시다	-(으)십시오, -(으)십시다	-아/-어	-아요/-어요
감탄형	-(는)구나	-(는)구먼	-(는)구려	-	-아/-어	-아요/-어요

기출로 바로 체크

왼쪽 문장의 밑줄 친 부분으로 실현된 높임 표현을 오른쪽에서 찾아 연결하시오.

01 그녀는 할머니께 절을 올렸다. ・

02 아버지께서는 낮잠을 <u>주무신다</u>. ・

03 선생님은 머리숱이 풍성하<u>시</u>다. ・

・ㄱ. 주체 높임 10번 출제

・ㄴ. 객체 높임 6번 출제

・ㄷ. 간접 높임 4번 출제

정답 | 01 - ㄴ　02 - ㄱ　03 - ㄷ

II. 어법
문장 성분의 호응과 생략

출제빈도 ★★★★★

수지쌤의 비법 올바른 문장 표현을 위해서는 문장 성분들 간의 호응(어울림)을 고려해야 해요. 호응이 적절하게 이루어지지 않은 문장을 찾거나 이를 정확히 수정한 표현을 묻는 문제는 출제빈도가 매우 높습니다.

1 문장 성분 간 호응

1. 주어와 서술어의 호응 ☆

> 예 • 우리의 목표는 승리한다.(×) → 우리의 목표는 승리하는 것이다.(○)
> • 그 사람의 장점은 성격이 낙천적이다.(×)
>   → 그 사람의 장점은 성격이 낙천적이라는 점이다.(○)
> • 내가 말하고 싶은 것은 다시 시작해야 한다.(×)
>   → 내가 말하고 싶은 것은 다시 시작해야 한다는 것이다.(○)

2. 목적어와 서술어의 호응 ☆

> 예 • 민식이는 축구를 차러 갔다.(×) → 민식이는 축구를 하러 갔다.(○)
> • 나는 케이크와 차를 마셨다.(×) → 나는 케이크를 먹고, 차를 마셨다.(○)

3. 부사어와 서술어의 호응 ☆

> 예 • 만약 인류가 불을 사용하지 않아서, 문명 생활을 할 수 없었을 것이다.(×)
>   → 만약 인류가 불을 사용하지 않았다면, 문명 생활을 할 수 없었을 것이다.(○)
> • 나는 그 사람을 도저히 용서할 수 있다.(×)
>   → 나는 그 사람을 도저히 용서할 수 없다.(○)

> 🐾 **수지쌤의 친절한 TIP**
> • 전혀/결코/비단/별로/그다지/여간/도저히 + 부정 의미의 서술어
> • 아마/틀림없이/어쩌면 + -(으)ㄹ 것이다('추측' 의미의 서술어)
> • 제발 + -소서 ('요청' 의미의 서술어)
> • 만약/혹시 + -면 ('가정, 조건' 의미의 서술어)
> • 마치 + 같다('비유' 의미의 서술어)
> • 과연 + -구나/-로다('감탄' 의미의 서술어)
> • 반드시/꼭/모름지기 + -어야 하다(당위/긍정)
> • 하물며 + -(으)랴

2 문장 성분의 생략

1. 주어의 생략 ☆

> [예] • 신규 회원 수가 줄었지만 늘고 있다.(×)
>
> → 신규 회원 수가 줄었지만 재등록 회원 수는 늘고 있다.(○)
>
> • 그 잡지는 독자층이 늘지 않아 제자리 상태에 머무르고 있다.(×)
>
> → 그 잡지는 독자층이 늘지 않아 구독률이 제자리 상태에 머무르고 있다.(○)

2. 목적어의 생략

> [예] • 나는 지난여름부터 열심히 하고 있다.(×) → 나는 지난여름부터 운동을 열심히 하고 있다.(○)
>
> • 그녀는 세계적으로 유명한 작가이고, 닮고 싶어 하는 사람도 많다.(×)
>
> → 그녀는 세계적으로 유명한 작가이고, 그녀를 닮고 싶어 하는 사람도 많다.(○)

3. 부사어의 생략

> [예] • 삼촌은 용돈을 주셨다.(×) → 삼촌은 우리에게 용돈을 주셨다.(○)
>
> • 초록색을 만들기 위해 파란색을 섞었다.(×)
>
> → 초록색을 만들기 위해 노란색에 파란색을 섞었다.(○)

🌼 이해쏙쏙 배경지식

필수적 부사어

부사어는 문장의 부속 성분이지만 경우에 따라 문장을 이루는 데 반드시 필요한 것이 될 수도 있다. 이러한 부사어를 필수적 부사어라 한다. 필수적 부사어는 생략될 수 없으며, '다르다, 생기다, 같다, 비슷하다, 닮다' 같은 두 자리 서술어나, '주다, 삼다, 넣다, 두다' 같은 세 자리 서술어는 필수적으로 부사어를 요구한다.

🌩 기출로 바로 체크

다음 문장에서 호응하지 않는 문장 성분을 찾고, 이를 올바른 문장으로 고치시오.

01 그는 민요와 상모를 돌렸다. → [   ]

02 아이의 소원은 친구를 만난다. → [   ]

> **정답** | **01** 목적어와 서술어의 호응, 그는 민요를 부르며 상모를 돌렸다.
> **02** 주어와 서술어의 호응, 아이의 소원은 친구를 만나는 것이다.

수지쌤의 비법

우리는 의미가 중복된 단어를 나열해서 쓰거나 의미상 두 가지 이상으로 이해될 수 있는 문장을 종종 사용하곤 하지요. 이런 표현 중 일부를 제외하고는 비문으로 취급되니 잘못된 표현을 명확히 판단할 수 있어야 합니다.

1 의미가 중복된 단어

구분	바른 표현(○)	틀린 표현(×)	구분	바른 표현(○)	틀린 표현(×)
1	공감(共感)하다	공감을 느끼다	15	삭발(削髮)하다	머리를 삭발하다, 머리카락을 삭발하다
2	과반수(過半數), 반수 이상	과반수 이상 ☆	16	상을 받다, 수상(受賞)하다	상을 수상하다
3	과정(過程)에서	과정 속에서	17	상의(相議)하다	서로 상의하다
4	기간(其間)	기간 동안	18	소문(所聞)에	들리는 소문에
5	낙엽(落葉)이 지다, 잎이 떨어지다	낙엽이 떨어지다	19	송금(送金)하다, 돈을 보내다	돈을 송금하다
6	난관(難關)	어려운 난관	20	숙원(宿願)	오랜 숙원 ☆
7	노모(老母)	늙은 노모	21	양분(兩分)하다, 둘로 나누다	둘로 양분하다
8	누전(漏電)되다	전기가 누전되다	22	여생(餘生)	남은 여생 ☆
9	독자(讀者), 책을 읽는 사람	책을 읽는 독자	23	예견(豫見)된	미리 예견된
10	동해(東海)	동해 바다	24	예습(豫習)하다	미리 예습하다
11	몇 월	몇 월 달	25	옥상(屋上)	옥상 위
12	방치(放置)하다	방치해 두다	26	요약(要約)하면	간단히 요약하면, 간추려 요약하면
13	부활(復活)하다	다시 부활하다	27	용도(用途)	쓰이는 용도
14	분기(分期)마다	매(每) 분기마다	28	위독(危篤)하다	생명이 위독하다

29	응시(應試)하다, 시험을 보다	시험에 응시하다	32	재론(再論)하다	다시 재론하다
30	입사(入社)하다, 회사에 들어가다	회사에 입사하다	33	출품(出品)하다	작품을 출품하다
31	자각(自覺)하다, 스스로 깨닫다	스스로 자각하다	34	판이(判異)하다	판이하게 다르다

2 문장의 중의성

1. 수식 관계에 의한 중의성 ☆

예 귀여운 민수의 동생을 만났다.(×) → '귀여운'이 민수를 꾸미는지 민수의 동생을 꾸미는지 명확하지 않음

2. 접속 조사 '와/과'에 의한 중의성 ☆

예 참외와 복숭아 세 개를 샀다.(×) → '참외 한 개와 복숭아 세 개'인지, '참외와 복숭아가 각각 세 개'인지, '참외와 복숭아를 합하여 모두 세 개'인지 명확하지 않음

3. 비교 구문에 의한 중의성 ☆

예 나는 엄마보다 드라마를 더 좋아한다.(×) → '엄마와 드라마'를 비교하는지, '내가 드라마를 좋아하는 정도와 엄마가 드라마를 좋아하는 정도'를 비교하는지 명확하지 않음

4. 조사에 의한 중의성

예 할머니의 그림을 보았다.(×) → '할머니 소유의 그림'인지 '할머니가 그린 그림'인지 '할머니를 그린 그림'인지 명확하지 않음

5. 부정문에 의한 중의성 ☆

예 친구들이 다 오지 않았다.(×) → '친구들이 한 명도 오지 않은 경우'인지 '친구들이 몇 명만 온 경우'인지 명확하지 않음

기출로 바로 체크

왼쪽 문장에서 나타나는 중의성을 오른쪽에서 찾아 연결하시오.

01 오랜 숙원을 이루게 되었다. •

02 멋진 그녀의 아이들은 영특하다. •

03 아버지는 식사를 다 드시지 않았다. •

• ㄱ. 부정문에 의한 중의성 16번 출제

• ㄴ. 수식 관계에 의한 중의성 12번 출제

• ㄷ. 의미가 중복된 단어에 의한 중의성 6번 출제

정답 | **01** - ㄷ **02** - ㄴ **03** - ㄱ

POINT 42

II. 어법
번역 투 표현

출제빈도 ★★★

수지쌤의 비법

일제 강점기의 일어 잔재와 개화기 이후에 들어온 영어식 표현으로 우리말답지 않은 표현이 많이 사용되고 있습니다. 이런 표현이 어색하다는 느낌마저 희미해지고 있으니 무의식중에 사용하는 번역 투 표현이 있는지 잘 살펴보세요.

1 영어식 표현 ☆

1. 숙어를 직역한 표현

예 • 취미 생활을 위해서는 어느 정도의 경제력이 요구된다.

→ 취미 생활을 하려면 어느 정도의 경제력이 있어야 한다.

• 안전은 아무리 강조해도 지나치지 않는다.

→ 안전은 강조할 만하다.

• 우리 학교는 큰길가에 위치해 있습니다.

→ 우리 학교는 큰길가에 있습니다.

• 양자 역학은 가장 어려운 학문 중 하나이다.

→ 양자 역학은 가장 어려운 학문이다.

• 다음 주에는 사장님을 모시고 회의를 가질 예정입니다.

→ 다음 주에는 사장님을 모시고 회의를 할 예정입니다.

2. 전치사를 직역한 표현

예 • 그녀는 친구로부터 온 전화를 받았다.

→ 그녀는 친구에게서 온 전화를 받았다.

• 그 디자이너는 이번 패션쇼를 통해 한국의 멋을 세계에 알리고자 했다.

→ 그 디자이너는 이번 패션쇼로/패션쇼에서 한국의 멋을 세계에 알리고자 했다.

• 나는 오늘까지 열 권의 책을 읽겠다고 다짐했었다.

→ 나는 오늘까지 책 열 권을 읽겠다고 다짐했었다.

• 약속을 잊어버린 것에 대해 미안합니다.

→ 약속을 잊어버려서 미안합니다.

2 일어식 표현 ☆

예
- 광준이는 팀을 이끌어 나가는 주장에 다름 아니다.
  → 광준이는 팀을 이끌어 나가는 주장과/주장이나 다름없다.
- 그의 작품은 파격적인 형식이라는 점에서 주목에 값한다.
  → 그의 작품은 파격적인 형식이라는 점에서 주목할 만하다.
- 이번 연구에 있어서 가장 중요한 것은 실험 방식이다.
  → 이번 연구에서 가장 중요한 것은 실험 방식이다.
- 올해도 눈의 꽃이 아름답게 피었다.
  → 올해도 눈꽃이 아름답게 피었다.

기출로 바로 체크

다음 설명 중 적절한 것은 ○, 적절하지 않은 것은 × 표시하시오.

01 '하나의 조건을 붙이다'는 '조건 하나를 붙이다'로 바꿔 써야 한다. (○, ×) 6번 출제
02 '~와 다름없다'는 일어식 표현이므로 '~에 다름 아니다'로 바꿔 써야 한다. (○, ×) 5번 출제
03 '주목에 값한다'는 일어식 표현이므로 '주목에 값할 만하다'로 바꿔 써야 한다. (○, ×) 1번 출제
04 '발표를 통해 감동을 선사하다'는 '발표로 감동을 선사하다'로 바꿔 써야 한다. (○, ×) 3번 출제
05 '아무리 강조해도 지나치지 않는다'는 영어식 표현이므로 '강조할 만하다'로 바꿔 써야 한다.
(○, ×) 4번 출제

정답 | **01** ○   **02** ×, '~에 다름 아니다' → '~와 다름없다'   **03** ×, '주목할 만하다'   **04** ○   **05** ○

수지쌤의 비법 정확한 문장 부호의 쓰임새를 알고 있는지 묻는 문제는 매회 출제돼요. 대부분 익숙한 부호이기는 하나 이름이 낯설거나 의외의 용도가 있는 것도 있고, 문장 부호끼리 호환되는 것도 있으니 해당 설명과 예문에 모두 집중하셔야 합니다!

1 마침표(.) ☆ '마침표' 대신 '온점'이라는 용어를 쓸 수 있다.

1. 서술, 명령, 청유 등을 나타내는 문장의 끝에 쓴다.

   예 집으로 돌아갑시다.

   [붙임 1] 직접 인용한 문장의 끝에는 쓰는 것을 원칙으로 하되, 쓰지 않는 것을 허용한다.

   예 그는 "지금 바로 떠나자./떠나자"라고 말하며 서둘러 짐을 챙겼다.

   [붙임 2] 용언의 명사형이나 명사로 끝나는 문장에는 쓰는 것을 원칙으로 하되, 쓰지 않는 것을 허용한다.

   예 내일 오전까지 보고서를 제출할 것./제출할 것

   다만, 제목이나 표어에는 쓰지 않음을 원칙으로 한다.

   예 압록강은 흐른다 / 꺼진 불도 다시 보자 / 건강한 몸 만들기

2. 아라비아 숫자만으로 연월일을 표시할 때 쓴다.

   예 1919. 3. 1. / 10. 1.~10. 12.

   > **😊 수지쌤의 친절한 TIP**
   >
   > '일'을 나타내는 마침표를 생략하는 경우가 많은데, 이는 글자로 따지면 '일'을 쓰지 않는 것과 같습니다. 그러니까 '1919. 3. 1'은 '1919년 3월 1'처럼 쓰다 만 표현이므로 잘못된 표기인 것이지요. 따라서 '일'을 나타내는 마침표 표기를 생략해서는 안 됩니다.

3. 특정한 의미가 있는 날을 표시할 때 월과 일을 나타내는 아라비아 숫자 사이에 쓴다.

   예 3.1 운동 / 8.15 광복

   [붙임] 이때는 마침표 대신 가운뎃점을 쓸 수 있다.

   예 3·1 운동 / 8·15 광복

4. 장, 절, 항 등을 표시하는 문자나 숫자 다음에 쓴다.

   예 가. 인명 / ㄱ. 머리말 / Ⅰ. 서론 / 1. 연구 목적

2 물음표(?) ☆

1. 의문문이나 의문을 나타내는 어구의 끝에 쓴다.

   예 이번에 가시면 언제 돌아오세요? / 지금?

   [붙임 1] 한 문장 안에 몇 개의 선택적인 물음이 이어질 때는 맨 끝의 물음에만 쓰고, 각 물음이 독립적일 때는 각 물음의 뒤에 쓴다.

   예 • 너는 중학생이냐, 고등학생이냐?

   　• 너는 여기에 언제 왔니? 어디서 왔니? 무엇 하러 왔니?

   [붙임 2] 의문의 정도가 약할 때는 물음표 대신 마침표를 쓸 수 있다.

   예 도대체 이 일을 어쩐단 말이냐.

   다만, 제목이나 표어에는 쓰지 않음을 원칙으로 한다.

   예 역사란 무엇인가 / 아직도 담배를 피우십니까

2. 특정한 어구의 내용에 대하여 의심, 빈정거림 등을 표시할 때, 또는 적절한 말을 쓰기 어려울 때 소괄호 안에 쓴다.

   예 30점이라, 거참 훌륭한(?) 성적이군.

3. 모르거나 불확실한 내용임을 나타낼 때 쓴다.

   예 조선 시대의 시인 강백(1690?~1777?)의 자는 자청이고, 호는 우곡이다.

3 느낌표(!) ☆

1. 감탄문이나 감탄사의 끝에 쓴다.

   예 이거 정말 큰일이 났구나! / 어머!

   [붙임] 감탄의 정도가 약할 때는 느낌표 대신 쉼표나 마침표를 쓸 수 있다.

   예 어, 벌써 끝났네. / 날씨가 참 좋군.

2. 특별히 강한 느낌을 나타내는 어구, 평서문, 명령문, 청유문에 쓴다.

   예 청춘! 이는 듣기만 하여도 가슴이 설레는 말이다.

3. 물음의 말로 놀람이나 항의의 뜻을 나타내는 경우에 쓴다.

   예 이게 누구야! / 내가 왜 나빠!

4. 감정을 넣어 대답하거나 다른 사람을 부를 때 쓴다.

   예 네! / 네, 선생님! / 흥부야! / 언니!

4 쉼표(,) ☆ '쉼표' 대신 '반점'이라는 용어를 쓸 수 있다.

1. 같은 자격의 어구를 열거할 때 그 사이에 쓴다.

   예 충청도의 계룡산, 전라도의 내장산, 강원도의 설악산은 모두 국립 공원이다.

   다만, 열거되는 사항임이 쉽게 드러날 때는 쉼표를 쓰지 않을 수 있으며, 열거할 어구들을 생략할 때 사용하는 줄임표 앞에는 쉼표를 쓰지 않는다.

   예 • 아버지 어머니께서 함께 오셨어요.

   　　• 광역시: 광주, 대구, 대전……

2. 짝을 지어 구별할 때 쓴다.

   예 닭과 지네, 개와 고양이는 상극이다.

3. 열거의 순서를 나타내는 어구 다음에 쓴다.

   예 첫째, 몸이 튼튼해야 한다. / 마지막으로, 무엇보다 마음이 편해야 한다.

4. 같은 말이 되풀이되는 것을 피하기 위하여 일정한 부분을 줄여서 열거할 때 쓴다.

   예 여름에는 바다에서, 겨울에는 산에서 휴가를 즐겼다.

5. 한 문장 안에서 앞말을 '곧', '다시 말해' 등과 같은 어구로 다시 설명할 때 앞말 다음에 쓴다.

   예 호준이 어머니, 다시 말해 나의 누님은 올해로 결혼한 지 20년이 된다.

6. 문장 앞부분에서 조사 없이 쓰인 제시어나 주제어의 뒤에 쓴다.

   예 열정, 이것이야말로 젊은이의 가장 소중한 자산이다.

7. 한 문장에 같은 의미의 어구가 반복될 때 앞에 오는 어구 다음에 쓴다.

   예 그의 애국심, 몸을 사리지 않고 국가를 위해 헌신한 정신을 우리는 본받아야 한다.

8. 도치문에서 도치된 어구들 사이에 쓴다.

   예 이리 오세요, 어머님. / 다시 보자, 한강수야.

9. 바로 다음 말과 직접적인 관계에 있지 않음을 나타낼 때 쓴다.

   예 갑돌이는, 울면서 떠나는 갑순이를 배웅했다.

10. 문장 중간에 끼어든 어구의 앞뒤에 쓴다.

    예 나는, 솔직히 말하면, 그 말이 별로 탐탁지 않아.

    [붙임 1] 이때는 쉼표 대신 줄표를 쓸 수 있다.

    예 나는 ─ 솔직히 말하면 ─ 그 말이 별로 탐탁지 않아.

    [붙임 2] 끼어든 어구 안에 다른 쉼표가 들어 있을 때는 쉼표 대신 줄표를 쓴다.

    예 이건 내 것이니까 ─ 아니, 내가 처음 발견한 것이니까 ─ 절대로 양보할 수 없다.

11. 특별한 효과를 위해 끊어 읽는 곳을 나타낼 때 쓴다.

> 예 이 전투는 바로 우리가, 우리만이, 승리로 이끌 수 있다.

12. 짧게 더듬는 말을 표시할 때 쓴다.

> 예 선생님, 부, 부정행위라니요? 그런 건 새, 생각조차 하지 않았습니다.

5 가운뎃점(·) ☆

1. 열거할 어구들을 일정한 기준으로 묶어서 나타낼 때 쓴다.

> 예 민수·영희, 선미·준호가 서로 짝이 되어 윷놀이를 하였다.

2. 짝을 이루는 어구들 사이에 쓴다.

> 예 곤충의 몸은 머리·가슴·배로 구분할 수 있다.

   다만, 이때는 가운뎃점을 쓰지 않거나 쉼표를 쓸 수도 있다.

> 예 곤충의 몸은 머리 가슴 배로 / 머리, 가슴, 배로 구분할 수 있다.

3. 공통 성분을 줄여서 하나의 어구로 묶을 때 쓴다.

> 예 금·은·동메달 / 통권 제54·55·56호

   [붙임] 이때는 가운뎃점 대신 쉼표를 쓸 수 있다.

> 예 금, 은, 동메달 / 통권 제54, 55, 56호

6 쌍점(:) ☆ 쌍점의 앞은 붙여 쓰고 뒤는 띄어 쓴다. 다만, 3과 4에서는 쌍점의 앞뒤를 붙여 쓴다.

1. 표제 다음에 해당 항목을 들거나 설명을 붙일 때 쓴다.

> 예 문방사우: 종이, 붓, 먹, 벼루

2. 희곡 등에서 대화 내용을 제시할 때 말하는 이와 말한 내용 사이에 쓴다.

> 예 • 김 과장: 난 못 참겠다.
>   • 아들: 아버지, 제발 제 말씀 좀 들어 보세요.

3. 시와 분, 장과 절 등을 구별할 때 쓴다.

> 예 오전 10:20(오전 10시 20분) / 두시언해 6:15(두시언해 제6권 제15장)

4. 의존 명사 '대'가 쓰일 자리에 쓴다.

> 예 65:60(65 대 60) / 청군:백군(청군 대 백군)

7 빗금(/) ☆

1. 대비되는 두 개 이상의 어구를 묶어 나타낼 때 그 사이에 쓴다.

> 예 · 금메달/은메달/동메달
>
> · (　　)이/가 우리나라의 보물 제1호이다.

2. 기준 단위당 수량을 표시할 때 해당 수량과 기준 단위 사이에 쓴다.

> 예 100미터/초

3. 시의 행이 바뀌는 부분임을 나타낼 때 쓴다. 다만, 연이 바뀜을 나타낼 때는 두 번 겹쳐 쓴다.

> 예 산에는 꽃 피네 / 꽃이 피네 / 갈 봄 여름 없이 / 꽃이 피네 // 산에 / 산에 / 피는 꽃은 / 저만치 혼자서 피어 있네

> 🌼 **수지쌤의 친절한 TIP**
>
> **빗금의 띄어쓰기**
>
> 빗금의 앞뒤는 1과 2의 쓰임에서는 붙여 씁니다. 3과 같이 쓰일 때는 띄어 쓰는 것이 원칙이지만, 붙여 쓸 수도 있어요. 단, 1의 쓰임에서 대비되는 어구가 두 어절 이상인 경우에는 빗금의 앞뒤를 띄어 쓸 수 있어요.

8 큰따옴표(" ") ☆

1. 글 가운데에서 직접 대화를 표시할 때 쓴다.

> 예 "어머니, 제가 가겠어요."

2. 말이나 글을 직접 인용할 때 쓴다.

> 예 나는 "어, 광훈이 아니냐?" 하는 소리에 깜짝 놀랐다.

9 작은따옴표(' ') ☆

1. 인용한 말 안에 있는 인용한 말을 나타낼 때 쓴다.

> 예 그는 "여러분! '시작이 반이다.'라는 말 들어 보셨죠?"라고 말하며 강연을 시작했다.

2. 마음속으로 한 말을 적을 때 쓴다.

> 예 나는 '일이 다 틀렸나 보군.' 하고 생각하였다.

🔟 소괄호(( )) ☆

1. 주석이나 보충적인 내용을 덧붙일 때 쓴다.

   예 니체(독일의 철학자)의 말을 빌리면 다음과 같다.

2. 우리말 표기와 원어 표기를 아울러 보일 때 쓴다.

   예 기호(嗜好) / 커피(coffee)

3. 생략할 수 있는 요소임을 나타낼 때 쓴다.

   예 광개토(대)왕은 고구려의 전성기를 이끌었던 임금이다.

4. 희곡 등 대화를 적은 글에서 동작이나 분위기, 상태를 드러낼 때 쓴다.

   예 · 현우: (가쁜 숨을 내쉬며) 왜 이렇게 빨리 뛰어?

   · "관찰한 것을 쓰는 것이 습관이 되었죠. 그러다 보니, 상상력이 생겼나 봐요." (웃음)

5. 내용이 들어갈 자리임을 나타낼 때 쓴다.

   예 우리나라의 수도는 (   )이다.

6. 항목의 순서나 종류를 나타내는 숫자나 문자 등에 쓴다.

   예 (가) 동해, (나) 서해, (다) 남해

1️⃣1️⃣ 중괄호({ }) ☆

1. 같은 범주에 속하는 여러 요소를 세로로 묶어서 보일 때 쓴다.

   예 주격 조사 $\left\{ \begin{array}{c} 이 \\ 가 \end{array} \right\}$

2. 열거된 항목 중 어느 하나가 자유롭게 선택될 수 있음을 보일 때 쓴다.

   예 아이들이 모두 학교{에, 로, 까지} 갔어요.

1️⃣2️⃣ 대괄호([ ]) ☆

1. 괄호 안에 또 괄호를 쓸 필요가 있을 때 바깥쪽의 괄호로 쓴다.

   예 이번 회의에는 두 명[이혜정(실장), 박철용(과장)]만 빼고 모두 참석했습니다.

2. 고유어에 대응하는 한자어를 함께 보일 때 쓴다.

   예 나이[年歲], 낱말[單語], 손발[手足]

3. 원문에 대한 이해를 돕기 위해 설명이나 논평 등을 덧붙일 때 쓴다.

   예 그것[한글]은 이처럼 정보화 시대에 알맞은 과학적인 문자이다.

13 겹낫표(『 』)와 겹화살괄호(《 》) ☆

책의 제목이나 신문 이름 등을 나타낼 때 쓴다.

예 『한성순보』/《한성순보》는 우리나라 최초의 근대 신문이다.

[붙임] 겹낫표나 겹화살괄호 대신 큰따옴표를 쓸 수 있다.

예 "한성순보"는 우리나라 최초의 근대 신문이다.

14 홑낫표(「 」)와 홑화살괄호(〈 〉) ☆

소제목, 그림이나 노래와 같은 예술 작품의 제목, 상호, 법률, 규정 등을 나타낼 때 쓴다.

예 「한강」/〈한강〉은 사진집 《아름다운 땅》에 실린 작품이다.

[붙임] 홑낫표나 홑화살괄호 대신 작은따옴표를 쓸 수 있다.

예 '한강'은 사진집 "아름다운 땅"에 실린 작품이다.

15 줄표(—) ☆ 줄표의 앞뒤는 띄어 쓰는 것을 원칙으로 하되, 붙여 쓰는 것을 허용한다.

제목 다음에 표시하는 부제의 앞뒤에 쓴다.

예 '환경 보호 — 숲 가꾸기 —'라는 제목으로 글짓기를 했다.

다만, 뒤에 오는 줄표는 생략할 수 있다.

예 '환경 보호 — 숲 가꾸기'라는 제목으로 글짓기를 했다.

16 붙임표(-) ☆

1. 차례대로 이어지는 내용을 하나로 묶어 열거할 때 각 어구 사이에 쓴다.

   예 김 과장은 기획-실무-홍보까지 직접 발로 뛰었다.

2. 두 개 이상의 어구가 밀접한 관련이 있음을 나타내고자 할 때 쓴다.

   예 원-달러 환율 / 남한-북한-일본 삼자 관계

17 숨김표(○, ×) ☆ ○: 동그라미표, ×: 가새표/가위표

1. 금기어나 공공연히 쓰기 어려운 비속어임을 나타낼 때, 그 글자의 수효만큼 쓴다.

   예 그 말을 듣는 순간 ○○○/×××란 말이 목구멍까지 치밀었다.

2. 비밀을 유지해야 하거나 밝힐 수 없는 사항임을 나타낼 때 쓴다.

   예 육군 ○○/×× 부대 ○○○/××× 명이 작전에 참가하였다.

18 줄임표(……) ☆ 줄임표는 앞말에 붙여 쓴다. 다만, 3에서는 줄임표의 앞뒤를 띄어 쓴다.

1. 할 말을 줄였을 때 쓴다.

> 예 "어디 나하고 한번……." 하고 민수가 나섰다.

2. 말이 없음을 나타낼 때 쓴다.

> 예 "빨리 말해!" / "……."

3. 문장이나 글의 일부를 생략할 때 쓴다.

> 예 육십갑자: 갑자, 을축, 병인, 정묘 …… 신유, 임술, 계해

4. 머뭇거림을 보일 때 쓴다.

> 예 "우리는 모두…… 그러니까…… 예외 없이 눈물만…… 흘렸다."

[붙임 1] 점은 가운데에 찍는 대신 아래쪽에 찍을 수도 있다.

> 예 "어디 나하고 한번......" 하고 민수가 나섰다.

[붙임 2] 점은 여섯 점을 찍는 대신 세 점을 찍을 수도 있다.

> 예 "어디 나하고 한번…" 하고 민수가 나섰다.

기출로 바로 체크

다음 설명 중 적절한 것은 ○, 적절하지 않은 것은 × 표시하시오.

01 '쉼표(,)'와 '반점'은 같은 말이다. (○, ×) 15번 출제

02 '가운뎃점(·)'은 짝을 이루는 어구들 사이에 쓸 수 있다. (○, ×) 12번 출제

03 의문의 정도가 약할 때는 물음표 대신 느낌표를 쓸 수 있다. (○, ×) 10번 출제

정답 | **01** ○ **02** ○ **03** ×, 의문의 정도가 약할 때는 물음표 대신 마침표를 쓸 수 있다.

수지쌤의 비법

훈민정음은 1443년 세종대왕이 창제한 한글의 이름이기도 하고, 1446년에 발간된 책 이름이기도 합니다. 특히 『훈민정음』에서 다루는 훈민정음의 제자 원리와 창제의 이유 등이 출제될 가능성이 높으니 꼼꼼히 확인해 두셔야 해요.

1 훈민정음 기본 정보

1. 의미
① 문자의 명칭: 백성을 가르치는 바른 소리라는 뜻으로, 우리나라 고유의 글자(한글)를 이름
② 책의 명칭: 창제 취지를 밝힌 어제 서문, 글자의 음가·운용법, 훈민정음을 해설한 해례 등으로 구성된 판각 원본

2. 창제 및 반포 연대
① 창제: 세종 25년(1443년) 음력 12월
② 반포: 세종 28년(1446년) 음력 9월 상한(양력 10월 9일경)

3. 창제자: 세종

4. 창제의 배경: 향찰, 이두, 구결과 같은 차자 표기법으로는 국어를 충실히 표기할 수 없었기에 새로운 문자를 만들어 국어의 전면적 표기를 하고자 함

> **🌸 수지쌤의 친절한 TIP**
>
> **차자 표기법(借字表記法)의 종류**
> 1. 향찰: 한자의 음과 훈을 이용하여 우리말을 표기함
>   예 吾隱(나는), 夜矣(밤이)
> 2. 이두: 한문을 우리말 어순으로 바꾸고, 형식 형태소도 차자 표기함
>   예 誓天前 → 天前誓(하늘 앞에 맹세한다.)
> 3. 구결: 한문 어구 사이에 우리말로 된 토(조사나 어미)를 닮
>   예 國之語音이 異乎中國ᄒ야

2 훈민정음 제자 원리

1. 초성의 제자 원리 ☆

발음 위치	제자 원리(상형)	기본자	가획자	이체자
어금닛소리[牙音(아음)]	혀뿌리가 목구멍을 막는 모양을 본뜸	ㄱ	ㅋ	ㆁ
혓소리[舌音(설음)]	혀끝이 윗잇몸에 닿은 모양을 본뜸	ㄴ	ㄷ, ㅌ	ㄹ 반혓소리 [半舌音(반설음)]
입술소리[脣音(순음)]	입의 모양을 본뜸	ㅁ	ㅂ, ㅍ	
잇소리[齒音(치음)]	이의 모양을 본뜸	ㅅ	ㅈ, ㅊ	ㅿ 반잇소리 [半齒音(반치음)]
목소리[喉音(후음)]	목구멍의 모양을 본뜸	ㅇ	ㆆ, ㅎ	

2. 중성의 제자 원리

① 기본자의 제자 원리

기본자	제자 원리(상형)
ㆍ	하늘[天]의 둥근 모양을 본뜸
ㅡ	땅[地]의 평평한 모양을 본뜸
ㅣ	사람[人]이 서 있는 모양을 본뜸

② 초출자와 재출자의 제자 원리

구분		제자 원리
초출자	ㅗ, ㅏ, ㅜ, ㅓ	기본자(ㆍ, ㅡ, ㅣ) 합성
재출자	ㅛ, ㅑ, ㅠ, ㅕ	초출자(ㅗ, ㅏ, ㅜ, ㅓ)와 아래아(ㆍ) 합성

3. 종성(받침)
종성은 초성을 다시 사용한다는 '종성부용초성(終聲復用初聲)'의 원리에 따라 따로 만들지 않음

3 훈민정음 어제 서문 『훈민정음』에 세종이 쓴 서문으로 훈민정음의 창제 목적이 쓰여 있음

1. 훈민정음 어제 서문 언해 한문본 『훈민정음』 서문을 한글로 풀어 쓴 것

> ### 世·솅宗종 御·엉製·졩 訓·훈民민正·졍音흠
>
> ^①「나·랏 :말싼·미 中듕國·귁·에 달·아 文문字·쫑·와·로 서르 ᄉᆞᄆᆞᆺ·디 아·니ᄒᆞᆯ·씨·이
> 런 젼·ᄎᆞ·로 어·린 百·ᄇᆡᆨ姓·셩·이 니르·고·져 ·홇 ·배 이·셔·도 ᄆᆞ·ᄎᆞᆷ:내 제 ·ᄠᅳ·들
> 시·러 펴·디 :몯ᄒᆞᇙ ·노·미 하·니·라 ^②「내 ·이·룰 爲·윙·ᄒᆞ·야 :어엿·비 너·겨」새·로
> ·스·믈여·듧 字·쫑·ᄅᆞᆯ 밍·ᄀᆞ노·니 ^③「:사ᄅᆞᆷ:마·다 :ᄒᆡ·ᅇᅧ :수·ᄫᅵ 니·겨 ·날·로 ·ᄡᅮ·메
> 便뼌安ᅙᅡᆫ·킈 ᄒᆞ·고·져 ᄒᆞᇙ ᄯᆞᄅᆞ·미니·라」

① 문자 창제의 필요성: 언어와 문자 불일치-자주(自主) 정신
② 문자 창제의 동기: 백성의 불편을 불쌍히 여김-애민(愛民) 정신
③ 문자 창제의 목적: 백성의 편리한 문자 생활 도모-실용(實用) 정신

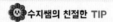

> 🌻 **수지쌤의 친절한 TIP**
>
> **'세종 어제 훈민정음'의 의미와 표기상 특징**
> 1. '세종 임금이 지으신 백성을 가르치는 바른 소리'라는 의미
> 2. '世·솅宗종'은 임금의 시호(諡號: 임금이 죽은 뒤 그의 공덕을 기리어 주는 이름)로, 세종 임금 사후에 간행된 자료임을 알 수 있는 증거가 됨
> 3. '御·엉製·졩'은 '임금이 몸소 짓거나 만듦. 또는 그런 글이나 물건'이라는 의미
> 4. 받침의 /ㅇ/은 음가 없는 형식적 음소
> 5. 동국정운식 한자음 표기(우리 한자음을 중국 원음에 가깝게 표기하려는 방법)가 드러남

⚡ 기출로 바로 체크

다음 설명 중 적절한 것은 ○, 적절하지 않은 것은 × 표시하시오.

01 'ㆁ'은 기본자 'ㄱ'의 이체자이다. (○, ×) 1번 출제
02 'ㄹ'은 기본자 'ㄷ'의 이체자이다. (○, ×) 1번 출제

정답 | **01** ○　　**02** ×, 'ㄹ'은 기본자 'ㄴ'의 이체자이다.

POINT 45

II. 어법
중세 국어와 근대 국어

출제빈도 ★★★★★

> **수지쌤의 비법**
>
> 15세기 한글이 창제된 이후 표기, 문법, 어휘 등에서 많은 변화가 나타났지요. 국어 문화 영역에서 중세 국어와 근대 국어의 특징을 묻는 문제가 매회 출제되니 각 시기 국어의 특징과 차이점을 비교하며 꼼꼼히 봐 두어야 합니다.

1 중세 국어와 근대 국어 비교 ☆

구분	중세 국어(15~16세기)	근대 국어(17~10세기)
음운과 표기	① 오늘날에는 쓰이지 않는 'ㅸ, ㅿ, ㆆ, ㆁ' 등이 사용됨 **예** 수비, ᄆᆞᅀᆞᆯ, 몯ᄒᆞᇙ, 룡담 ② 어두에 자음이 두 개 이상 오는 어두 자음군이 있었음 **예** ᄠᅳᆮ(뜻), ᄡᅳ다(쓰다), ᄢᅢ(때), ᄭᅩ리(꼬리), ᄯᅡ(땅) ③ 모음 조화가 대체로 지켜지는 편이었으나 예외도 있었음 • 모음 조화가 지켜진 경우 **예** 불가, 바ᄉᆞᆷ • 모음 조화가 지켜지지 않은 경우 **예** 펴아, 가고져 ④ 받침에는 주로 여덟 개의 초성자(ㄱ, ㄴ, ㄷ, ㄹ, ㅁ, ㅂ, ㅅ, ㆁ)로만 적도록 하였고(팔종성법), 현대 국어와 달리 종성에서 [ㄷ]과 [ㅅ]의 음가가 구별되었음 **예** 몯[不, 釘]-못[池] ⑤ 방점을 사용하여 음절의 높낮이를 나타내는 성조를 표시하였음	① 'ㅿ'은 15세기 후반부터 16세기 초반을 거쳐 소실됨 **예** 여ᅀᅳ>여우, 한ᅀᅩᆷ>한숨 ② 'ㆁ'은 16세기부터 종성에 국한하여 쓰이거나 'ㅇ'과 혼동되어 쓰이다가 'ㅇ'에 합류됨 ③ 'ㆍ(아래아)'는 16세기부터 둘째 음절 이하에서 주로 'ㅡ'로 변하며, 18세기 경부터는 첫째 음절에서의 'ㆍ'가 주로 'ㅏ'로 변하게 됨 ④ 이중 모음이던 'ㅔ'와 'ㅐ'가 단모음으로 변하였음 ⑤ 17세기부터 순음(脣音, 입술소리) 밑의 모음 'ㅡ'가 원순 모음 'ㅜ'로 바뀜 **예** 믈>물, 블>불 ⑥ 16세기 후반부터 동요하던 성조가 사라지면서 방점 표기가 완전히 사라지고, 상성은 대체로 긴소리로 변화함 **예** :눈[雪], ·눈[眼] > 눈:[雪], 눈[眼] ⑦ 어두 자음군 'ㅄ, ㅴ'은 'ㅼ, ㅽ'으로 변하고, 'ㅳ, ㅄ, ㅵ'도 'ㅼ, ㅆ, ㅺ'이 됨 **예** ᄢᅢ>새, ᄠᅳᆷ>ᄠᅳᆷ, ᄡᅳ다>쓰다 ⑧ 거센소리되기와 된소리되기가 나타남 **예** 고키리>코키리, 곶>꽃

II. 어법

해커스 KBS 한국어능력시험 최수지 어휘·어법·맞춤노트

		⑨ 두음 법칙에 변화가 나타나 어두의 'ㄴ'이 탈락되기 시작하며, 17~18세기에는 구개음화도 나타남 예 님금>임금, 티다>치다
		⑩ 중세에는 종성의 'ㄷ'과 'ㅅ'이 구별되어 쓰였으나 근대에 와서 'ㄷ'으로 적던 것을 모두 'ㅅ'으로 적게 되면서 근대 국어에는 7종성 표기가 사용됨
		⑪ 중세의 이어 적기(연철) 방식에서 현대의 끊어 적기(분철) 방식으로 가는 과도기로 '님믈'과 같은 거듭 적기(혼철) 방식이 나타났음 예 님+을 → 니믈>님믈
문법	① 주격 조사는 '이' 하나만 쓰였음 ② 조사와 결합할 때 형태가 바뀌는 체언과 'ㅎ'을 말음에 가지고 있는 체언이 있었음 예 • 나모+이 → 남기 • 돓+이 → 돌히, 돓+을 → 돌흘 ③ 주어가 1인칭일 때에 선어말 어미 '-오/우-'가 나타남 예 내…… 스믈 여듧 쯍롤 밍ㄱ노니 ④ 주체 높임법 선어말 어미로 '-시-'나 '-샤-'가 쓰였음 예 미드시니, 미드샷다 ⑤ 객체 높임법 선어말 어미로 '-숩/줍/숩-'이 쓰였음 예 敎化룰 닙숩디, 世尊ㅅ 말올 듣줍고, 어마닚긔 오숩더니 ⑥ 상대 높임법은 상대자에 따라 종결법이 변화하는 것으로, 중세 국어에서는 'ᄒ라체', 'ᄒ야쎠체', 'ᄒ쇼셔체', 반말체가 쓰였음	① 주격 조사 '가'가 출현하여 '이'와 구별되어 쓰이게 됨 ② 1인칭 주어에 호응하던 선어말 어미 '-오/우-'가 점점 소멸됨 ③ 명사형 어미로 '-(으)ㅁ'보다 '-기'가 점점 더 많이 쓰이게 됨

| 어휘 | ① 고유어와 한자어의 경쟁이 계속되는데 현대에 사라진 고유어가 많이 쓰임
예 묗-산(山), ㄱ롬-강(江), 슈룹-우산(雨傘), 즈믄-천(千)
② 한자어가 귀화하여 고유어처럼 쓰인 것도 있음
예 가난[艱難], 붓[筆], 사탕[砂糖]
③ 한자어 이외에 몽골어도 유입되어 쓰였음
예 보라매[秋鷹], 숑골[海靑] | ① 고유어가 한자어로 많이 대체됨
예 묗>산, ㄱ롬>강, 아줌>친척
② 어휘의 의미 변화도 많이 일어남
예 어엿브다(불쌍하다)>가엽다, 예쁘다>예쁘다), 어리다(어리석다)>나이가 어리다) |

🌼 이해쏙쏙 배경지식

시기별 단어의 유입

중세 국어 (15~16세기)	① 몽고어가 유입됨 ← 고려가 원(元)과 밀접한 관계를 맺음 ② 유입된 몽고어는 관직, 말[馬], 매[鷹], 군사, 음식 등에 관한 단어가 주류를 이룸 ③ '가라말, 보라매, 송골매, 수라' 등 일부가 현대 국어에 남아 있음
근대 국어 (17~19세기)	한자어가 새로 유입됨 ← 중국을 통해 서양 문물, 과학, 기독교 서적이 들어옴 예 자명종(自鳴鐘), 천리경(千里鏡)
현대 국어 (20세기~)	① 개화기 및 일제 강점기: 일본어가 대량으로 유입됨 예 시다(보조원), 노가다(현장 근로), 와사비(고추냉이), 와리바시(나무젓가락) ② 해방 이후: 여러 언어로부터 외래어가 유입되고 있는데, 특히 영어 단어가 압도적으로 많음 예 • 버스, 넥타이, 아이스크림, 컴퓨터, 챔피언(← 영어) 　• 아르바이트, 이데올로기, 테마(← 독일어) 　• 달마, 보살, 사리, 찰나, 탑(← 산스크리트어) 　• 데생, 상송, 크루아상, 앙코르, 콩트(← 프랑스어) 　• 스파게티, 마카로니, 아리아, 첼로(← 이탈리아어)

 기출로 바로 체크

다음 설명 중 적절한 것은 ○, 적절하지 않은 것은 × 표시하시오.

01 중세 국어는 팔종성 체계에 따라 표기하였다. (○, ×) 1번 출제
02 중세 국어에서 '-숩/줍/숩-'은 주체 높임을 나타내었다. (○, ×) 3번 출제
03 근대 국어에는 이어 적는 연철과 끊어 적는 분철의 혼용이 나타났다. (○, ×) 3번 출제

정답 │ 01 ○　02 ×, 객체 높임　03 ○

POINT 46

II. 어법
표준 언어 예절

출제빈도 ★★

수지쌤의 비법

생활 속에서 정확하고 예의 바른 의사소통을 하기 위해서는 상황에 적절한 표현을 구사할 수 있어야 해요. 따라서 국립국어원에서 규정한 표준 언어 예절을 숙지하고 다양한 상황에서 실제로 구사하는 연습을 하는 것이 좋아요.

1 일상생활의 인사말

상황		인사말
오랜만에 만나는 사람에게 인사할 때		• 그동안 안녕하셨습니까? • 그동안 잘 지내셨습니까? • 그동안 잘 지내셨어요? • 그동안 잘 지냈니?
이웃 사람에게	이웃 사람을 만나 인사할 때	• 안녕하십니까? • 안녕하세요? • 안녕?
	이웃 사람과 헤어지며 인사할 때	• 안녕히 가십시오. • 안녕히 가세요. • 안녕.
직장에서	그날 처음 만났을 때	• 안녕하십니까? • 안녕하세요?
	퇴근하는 사람이 남아 있는 사람에게 인사할 때	• 먼저 가겠습니다. • 내일 뵙겠습니다.
	남아 있는 사람이 퇴근하는 사람에게 인사할 때	• 안녕히 가십시오. • 안녕히 가세요.
식사 시간 전후에 만난 사람에게 인사할 때		• 점심/진지 잡수셨습니까? • 점심/진지 드셨습니까? • 식사하셨어요? • 점심/밥 먹었어?

2 특정한 때의 인사말

1. 생일 축하 인사말

상황		인사말
아기의 돌 때	아기의 부모에게	축하합니다.
	돌이 된 아기에게	건강하게 자라라.
동년배, 손아랫사람의 생일 때	당사자에게	• 축하한다. • 생일 축하한다.
	당사자의 부모에게	축하합니다.
환갑, 고희 등의 생일 때	당사자에게	• 축하합니다. • 생신 축하합니다. • 내내 건강하시기 바랍니다. • 더욱 강녕하시기 바랍니다.
	당사자의 배우자에게	축하합니다.
	당사자의 자녀에게	• 축하하네. • 수고했네.
환갑, 고희 등의 잔치에서 헌수(獻壽)할 때		• 내내 건강하시기 바랍니다. • 만수무강하십시오.

2. 문병할 때의 인사말

상황		인사말
들어갈 때	환자에게	• 좀 어떠십니까? • 좀 어떻습니까? • 얼마나 고생이 되십니까? • (불의의 사고일 때) 불행 중 다행입니다.
	보호자에게	• 좀 어떠십니까? • 좀 어떻습니까? • 얼마나 걱정이 되십니까? • 고생이 많으십니다.
나올 때	환자에게	• 조리/조섭 잘하십시오. • 속히 나으시기 바랍니다. • 쾌차하시기 바랍니다.
	보호자에게	• 속히 나으시기 바랍니다. • 쾌차하시기 바랍니다.

3. 문상할 때의 인사말

상황	문상객의 말	상주의 말
일반적인 상황	• (말없이 인사만 한다.) • 삼가 조의를 표합니다. • 얼마나 슬프십니까? • 뭐라 드릴 말씀이 없습니다. • 고인의 명복을 빕니다.	• 고맙습니다. • 드릴 말씀이 없습니다.
부모상	• (말없이 인사만 한다.) • 얼마나 망극하십니까?	

> 🌸 **수지쌤의 친절한 TIP**
>
> **'호상(好喪)입니다'에 대해**
> 문상을 가서 '복을 누리고 오래 산 사람의 상사(喪事)'를 의미하는 '호상(好喪)'을 써 '호상입니다'와 같이 상주에게 인사하는 것은 예의에 어긋나는 말이므로 쓰면 안 돼요. 돌아가신 분이 천수를 누리고 돌아가셨다고 해도 잘 돌아가셨다는 뜻으로 말하는 것처럼 비칠 수 있기 때문입니다.

3 경어법

1. 가정 내에서의 경어법

상황	인사말
부모를 조부모께 말할 때	• 할머니/할아버지, 어머니/아버지가 진지 잡수시라고 하였습니다. • 할머니/할아버지, 어머니/아버지가 진지 잡수시라고 하셨습니다.
부모를 가족 이외의 다른 사람에게 말할 때	• 저희 어머니/아버지가 이렇게 말씀하셨습니다. • 저희 어머니/아버지께서 이렇게 말씀하셨습니다. • 우리 어머니/아버지가 이렇게 말씀하셨습니다. • 우리 어머니/아버지께서 이렇게 말씀하셨습니다.
남편을 시부모나 손윗사람에게 말할 때	• 아범이 아직 안 들어왔습니다. • 아비가 아직 안 들어왔습니다. • 그이가 어머님/아버님께 말씀드린다고 했습니다.
남편을 시동생이나 손아랫사람에게 말할 때	• 형님은 아직 안 들어오셨어요. • ○○[자녀] 아버지는 아직 안 들어오셨어요. • ○○[자녀] 아버지는 아직 안 들어왔어요.

배우자를 그 밖의 사람에게 말할 때	• 그이는/집사람은 아직 안 들어왔습니다. • ○○[자녀] 어머니/○○[자녀] 아버지는 아직 안 들어왔습니다.
자녀를 손주에게 말할 때	• ○○[손주]야, 어머니/아버지 좀 오라고 해라. • ○○[손주]야, 어머니/아버지 좀 오시라고 해라.

2. 직장, 사회에서의 공손한 표현

상황 및 관계	인사말
공식적인 상황, 덜 친밀한 관계	• 거래처에 전화하셨습니까? • 거래처에 전화했습니까? • 거래처에 전화하십시오. • 거래처에 전화하시지요.
비공식적인 상황, 친밀한 관계	• 거래처에 전화하셨어요? • 거래처에 전화했어요? • 거래처에 전화하세요. • 거래처에 전화해요.

II. 어법

에듀스 KBS 한국어능력시험 점수치 어휘·어법 핵심노트

기출로 바로 체크

다음 상황의 인사말로 적절한 것은 ○, 적절하지 않은 것은 × 표시하시오.

01 (문상을 가서 상주에게) "호상입니다." (○, ×) 2번 출제

02 (할머니의 고희연에서 할머니께) "내내 건강하시기 바랍니다." (○, ×) 1번 출제

정답 ┊ **01** ×, "뭐라 드릴 말씀이 없습니다." **02** ○

수지쌤의 비법

방송 언어는 사람들에게 미치는 영향력이 크기 때문에 규범적 언어라는 측면에서 정확한 어휘 구사와 어법 준수가 필요해요. 맞춤법, 발음, 어휘 등에서 올바른 표현을 묻는 문제가 주로 출제되니 꼼꼼히 살펴 두세요.

1 잘못된 방송 언어 표현

1. 한글 맞춤법 오류

> 예 · 휘발류값 제각각(×) → 휘발유 값 제각각(○)
> · 노릇노릇 잘 구어진 군만두(×) → 노릇노릇 잘 구워진 군만두(○)

2. 띄어쓰기 오류

> 예 · 10%내외(×) → 10% 내외(○)
> · "농산물 수입 자유화 안된다"(×) → "농산물 수입 자유화 안 된다"(○)

3. 표준어 규정 오류

> 예 · 그래도 너무 안타까와하지 마십쇼.(×) → 그래도 너무 안타까워하지 마십쇼.(○)
> · 보관을 어떻게 하셨길래 이렇게 신선한가요?(×)
> → 보관을 어떻게 하셨기에 이렇게 신선한가요?(○)

> 🌼 **수지쌤의 친절한 TIP**
>
> '이다'의 어간, 용언의 어간 또는 어미 '-으시-', '-었-', '-겠-' 뒤에 붙어 원인이나 근거를 나타내는 연결 어미로는 '-기에'를 써야 해요.

4. 부정확한 어휘 사용 ☆

> 예 · 김이 모락모락 나면 간장이 다 달여졌다는 신호라고 하는데요, 이때 불 조정을 잘해 줘야 한다고 해요.(×)
> → 김이 모락모락 나면 간장이 다 달여졌다는 신호라고 하는데요, 이때 불 조절을 잘해 줘야 한다고 해요.(○)

> 🌼 **수지쌤의 친절한 TIP**
>
> '조정'은 '어떤 기준이나 실정에 맞게 정돈함'을 뜻하므로 '불 조정'은 쓰임이 어색합니다. 이때는 '적당하게 맞추어 나감'을 뜻하는 '조절'을 사용하는 것이 적절해요.

- 두 학년이 한 <u>반</u>에서 공부를 하게 되는데요, 분교에서는 이게 흔한 일이죠.(×)
  - → 두 학년이 한 <u>교실</u>에서 공부를 하게 되는데요, 분교에서는 이게 흔한 일이죠.(○)

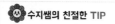

> ☠ **수지쌤의 친절한 TIP**
>
> '반(班)'은 '학년을 학급으로 나눈 단위'이므로 '두 학년이 한 반에서 공부하다'는 맞지 않아요. '두 학년이 한 교실에서 공부하다'라는 표현이 문맥상 더 적절합니다.

5. 외래어와 한자어의 남용 ☆

예 · ○○○은 제103주년 삼일절을 맞아 <u>독립유공자 포상을 전수했다.</u>(×)
  - → ○○○은 제103주년 삼일절을 맞아 독립유공자<u>에게 상을 주었다.</u>(○)
· ……성공한 <u>케이스</u>입니다.(×) → ……성공한 <u>경우</u>입니다.(○)

6. 부적절한 조사 사용 ☆

예 · <u>유족들에</u> 보훈 혜택(×) → <u>유족들에게</u> 보훈 혜택(○)

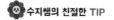

> ☠ **수지쌤의 친절한 TIP**
>
> 유정 명사에는 '에게'를 사용해요.

· 불이 났을 당시 대피한 아래층 주민들을 제외한 위층 주민 <u>10명도</u> 목숨을 잃었습니다.(×)
  - → 불이 났을 당시 대피한 아래층 주민들을 제외한 위층 주민 <u>10명은</u> 목숨을 잃었습니다.(○)

> ☠ **수지쌤의 친절한 TIP**
>
> '도'는 '이미 어떤 것이 포함되고 그 위에 더함의 뜻'을 나타내는 보조사입니다. 목숨을 잃은 사람이 앞에서 더 나온 것이 아니라 아래층 주민을 제외한 열 명이므로 보조사 '도'를 사용할 수 없어요.

7. 문장 성분의 누락

① 주어 누락

  예 두 감독이 연배예요. <u>비슷합니다.</u>(×) → 두 감독이 연배예요. <u>나이가</u> 비슷합니다.(○)

② 서술어 누락

  예 <u>주말 연휴와 내주 초</u> 미국의 금리 인하를 앞두고서 대부분의 투자자들이 짙은 관망세를 보였습니다.(×)
    - → <u>주말 연휴와 내주 초에 있을</u> 미국의 금리 인하를 앞두고서 대부분의 투자자들이 짙은 관망세를 보였습니다.(○)

8. 부정확한 발음 ☆

예
- ○○동 주민들은 절박했던 구조 현장을 보며 <u>안타까워했습니다[안타까와핻씀니다]</u>.(×)
  - → ○○동 주민들은 절박했던 구조 현장을 보며 <u>안타까워했습니다[안타까워핻씀니다]</u>.(○)

> 🌸 **수지쌤의 친절한 TIP**
>
> '돕-', '곱-'과 같은 단음절 어간에 어미 '-아'가 결합되어 '와'로 소리 나
> 는 것은 '-와'로 적고 발음하나, 그 밖의 경우는 '-어'와 결합하여 '워'
> 가 됩니다. '안타깝다'는 세 음절 어간이므로 '안타까워'로 적어야 해요.

- 요즘 보니까 논이나 밭까지 <u>배달되던데[배·달뒈든데]</u> 혹시 짬뽕 그쪽에 배달 안 되나요?(×)
  - → 요즘 보니까 논이나 밭까지 <u>배달되던데[배·달되던데/배·달뒈던데]</u> 혹시 짬뽕 그쪽에 배달 안 되나요?(○)
- 때로는 사람보다 고액의 <u>출연료[출련뇨]</u>를 받는 동물들이 있다.(×)
  - → 때로는 사람보다 고액의 <u>출연료[추련뇨]</u>를 받는 동물들이 있다.(○)
- 설악산을 아름답게 물들인 단풍을 구경하기 위해 오신 <u>관광객[광광객]</u>이 참 많습니다.(×)
  - → 설악산을 아름답게 물들인 단풍을 구경하기 위해 오신 <u>관광객[관광객]</u>이 참 많습니다.(○)

※ 출처: 국립국어원, https://www.korean.go.kr

⚡ 기출로 바로 체크

밑줄 친 방송 언어 표현이 적절한 것은 ○, 적절하지 않은 것은 × 표시하시오.

01 상당히 어려운 <u>케이스</u>입니다. (○, ×)

02 <u>수재민에게</u> 식료품을 배급하고 있습니다. (○, ×)

03 조리된 상태로 <u>배달되니[배·달뒈니]</u> 이용 시 참고해 주세요. (○, ×)

정답 | 01 ×, 경우   02 ○   03 ○

II. 어법
남북한의 어법

출제빈도 ★ ★ ★ ★

> **수지쌤의 비법**
>
> 남북한의 언어는 어휘만큼이나 어법의 차이도 커지고 있어요. 다만, 문제에서 주로 다루는 것은 두음 법칙 적용 여부, 사이시옷 표기 여부, 의존 명사 띄어쓰기 여부 등 몇 가지에 한정되어 있으니 이 부분을 집중적으로 공부해 봅시다.

1 남북한의 어법 비교

'대열, 규율'과 같이 둘째 음절 이하에서의
'열, 율'을 '대렬, 규률'처럼 한자음대로 적음

구분	남한 어법	북한 어법
두음 법칙	두음 법칙 인정함 ☆ 예 내일, 여자, 역사, 예절	두음 법칙 인정하지 않음 예 래일, 녀자, 력사, 례절
사이시옷	사이시옷 표기함 ☆ 예 나뭇가지, 이삿짐, 바닷가	사이시옷 표기하지 않음 예 나무가지, 이사짐, 바다가
띄어쓰기	의존 명사를 앞말과 띄어 씀 ☆ 예 아는 것이 힘이다.	의존 명사를 앞말에 붙여 씀 예 아는것이 힘이다.
	본용언과 보조 용언을 띄어 씀(경우에 따라 붙여쓰기 허용) ☆ 예 가르쳐 주다	본용언과 보조 용언을 붙여 씀 예 가르쳐주다
	관직명, 호칭어를 앞말과 띄어 씀 예 이영미 교수님, 박상호 선생	관직명, 호칭어를 앞말에 붙여 씀 예 이영미교수님, 박상호선생
모음 조화	모음 조화가 철저하지 않음 예 아름다웠습니다	모음 조화가 철저함 예 아름다왔습니다
이중 모음 '예'의 발음	'예, 례' 이외의 '예'는 [ㅔ]로도 발음함 예 계산[계ː산/게ː산], 혜택[혜ː택/헤ː택]	'ㄱ, ㄹ, ㅎ' 뒤에 있는 '예'는 [ㅔ]로 발음함 예 계산[게산], 혜택[헤택]

🖋 기출로 바로 체크

다음 남북한어의 대응에서 알 수 있는 남한과 북한 언어의 어법상 차이점을 쓰시오.

01 역사:력사 [→   ] 16번 출제
02 가르쳐∨주다:가르쳐주다 [→   ] 11번 출제

정답 | **01** 두음 법칙   **02** 본용언과 보조 용언의 띄어쓰기

POINT 49

II. 어법
국어사전의 활용

출제빈도 ★★

> **수지쌤의 비법**
> 요즘에는 종이 사전에서 단어를 찾는 경우가 드물지만, 시험에서는 국어사전 활용법이 종종 출제됩니다. 따라서 국어사전에서 어휘를 찾는 순서와 국어사전을 통해 확인할 수 있는 다양한 정보에는 어떤 것들이 있는지 알고 있어야 해요.

1 국어사전에서 확인할 수 있는 정보 ☆

> **가다¹** 표제어. 표제어 옆 숫자(1)는 '동음이의 관계'를 나타냄
>
> **발음** [가다] 발음 정보
> **활용** 가[가], 가니[가니] 활용 정보. 체언은 조사와의 결합형, 용언은 활용형 제시
>
> **[I] 「동사」** 품사
>
> **1** 【…에/에게】【 …으로】【 …을】 문형 정보. 용언이 문장에서 요구하는 필수적 성분(주어·제외)
>
> 「1」 한곳에서 다른 곳으로 장소를 이동하다. 의미(뜻풀이). 다의어일 경우 「1」, 「2」 등으로 제시
>
> > • 산에 **가다**.
> > • 지방에 사는 친구에게 **간다**.　　용례
> > • 아버지는 아침 일찍 서울로 **가셨다**.
>
> 　「반대말」오다 유의어, 반의어 등 표제어와 관련된 어휘
>
> **2** 【…에/에게】【 …으로】
>
> 「1」 직책이나 자리를 옮기다.
>
> > • 그는 얄밉게도 부장 대우를 받는 조건으로 경쟁 회사에 **갔다**.
> > • 이번 인사 발령으로 총무과로 **가게** 되었다.

[II] 「보조 동사」

((주로 동사 뒤에서 '-어 가다' 구성으로 쓰여)) 문법 정보. 표제어의 쓰임을 이해할 수 있는 정보

말하는 이, 또는 말하는 이가 정하는 어떤 기준점에서 멀어지면서 앞말이 뜻하는 행동이나 상태가 계속 진행됨을 나타내는 말.

- 책을 다 읽어 **간다**.
- 방이 식어 **가는데** 불 좀 올려라.
- 하는 일은 잘돼 **가나**?

「반대말」 오다

2 표제어 등재 순서를 파악하는 방법 ☆

1단계. 낱말의 첫 번째 글자의 초성(첫 자음자)을 확인하고, 첫 자음자의 순서를 파악합니다.

2단계. 첫 번째 글자의 중성(모음자), 종성(마지막 자음자)의 차례로 순서를 파악하고, 나머지 글자들도 같은 방식으로 자음과 모음의 순서를 파악합니다.

구분	자모의 순서
첫 자음자	ㄱ, ㄲ, ㄴ, ㄷ, ㄸ, ㄹ, ㅁ, ㅂ, ㅃ, ㅅ, ㅆ, ㅇ, ㅈ, ㅉ, ㅊ, ㅋ, ㅌ, ㅍ, ㅎ
모음자	ㅏ, ㅐ, ㅑ, ㅒ, ㅓ, ㅔ, ㅕ, ㅖ, ㅗ, ㅘ, ㅙ, ㅚ, ㅛ, ㅜ, ㅝ, ㅞ, ㅟ, ㅠ, ㅡ, ㅢ, ㅣ
끝 자음자	ㄱ, ㄲ, ㄳ, ㄴ, ㄵ, ㄶ, ㄷ, ㄹ, ㄺ, ㄻ, ㄼ, ㄽ, ㄾ, ㄿ, ㅀ, ㅁ, ㅂ, ㅄ, ㅅ, ㅆ, ㅇ, ㅈ, ㅊ, ㅋ, ㅌ, ㅍ, ㅎ

기출로 바로 체크

<보기>의 ㉠~㉣을 국어사전의 표제어 등재 순서에 따라 쓰시오.

─────── 〈보기〉 ───────
㉠ 갈피 ㉡ 가닥가닥 ㉢ 깨우치다 ㉣ 경중경중 ㉤ 괴발개발

[   ] → [   ] → [   ] → [   ] → [   ]

정답 | ㉡ → ㉠ → ㉣ → ㉤ → ㉢

수지쌤의 비법 수어 문제는 기본적인 단어를 묻고, 점자 문제는 적용해야 할 원칙이 <보기>에서 제시되므로 문제 풀이에 큰 어려움은 없습니다. 다만, 수어 문제가 '나온다'는 것과 점자의 기본 원리, 표현 방법은 알아 두어야 해요.

1 수어

1. 의미별 수어

가다	놀다	뛰다
먹다	사랑	싫다

자다 ☆	좋다	집

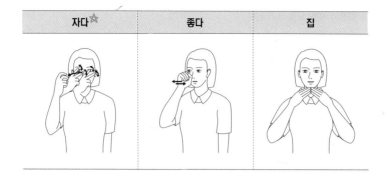

2 점자

1. 한국 점자 표기의 기본 원칙

① 한국 점자는 한 칸을 구성하는 점 여섯 개(세로 3개, 가로 2개)를 조합하여 만든 63가지의 점형으로 적음

② 한 칸을 구성하는 점의 번호는 왼쪽 위에서 아래로 1점, 2점, 3점, 오른쪽 위에서 아래로 4점, 5점, 6점으로 함

1	●●	4	← 상단
2	●●	5	← 중단
3	●●	6	← 하단

③ 한국 점자는 풀어쓰기 방식으로 적음

	○●	●○	●○
직	○○	●○	○○
	○●	●○	○○
	ㅈ	ㅣ	ㄱ

🌼 이해쏙쏙 배경지식

풀어쓰기와 모아쓰기

1. 풀어쓰기: 한글의 현행 자형(字形)을 풀어서 초성, 중성, 종성의 차례대로 늘어놓아 쓰는 방식
   예 학교 → ㅎㅏㄱㄱㅛ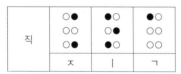

2. 모아쓰기: 한글 자모를 가로세로로 묶어서 쓰는 방식
   예 학교 → 학교

2. 점자의 자음, 모음 표기 원칙

① 기본 자음자 14개가 첫소리 자리에 쓰일 때

자음자	ㄱ	ㄴ	ㄷ	ㄹ	ㅁ	ㅂ	ㅅ
첫소리 글자	○● ○○ ○○	●● ○○ ○○	○● ●○ ○○	○○ ○● ○○	●○ ○● ○○	○● ○● ○○	○○ ○○ ○●

자음자	ㅇ	ㅈ	ㅊ	ㅋ	ㅌ	ㅍ	ㅎ
첫소리 글자	(●● ●● ○○)	○● ○○ ○●	○○ ○● ○●	●● ●○ ○○	●○ ●● ○○	●● ○● ○○	○● ●● ○○

수지쌤의 친절한 TIP

첫소리 'ㅇ'은 음가가 없고 받침소리로만 발음돼요. 그에 따라 점자에서는 음가 없는 첫소리 'ㅇ'을 표기하지 않아요. 다만, 첫소리에 쓰인 'ㅇ'을 표기하고자 할 때는 위 표의 'ㅇ'과 같이 적습니다.

아이			우유		
●○ ●○ ○●	●○ ○● ●○			●● ○○ ●○	●● ○○ ○●

중앙					
○● ○○ ○●	●● ○○ ●○	○○ ●● ●●	●○ ●○ ○●	○○ ●● ●●	

② 기본 자음자 14개가 받침으로 쓰일 때

자음자	ㄱ	ㄴ	ㄷ	ㄹ	ㅁ	ㅂ	ㅅ
받침 글자	●○ ○○ ○○	○○ ●● ○○	○○ ○● ●○	○○ ●○ ○○	○○ ●○ ●○	●○ ●○ ○○	○○ ○○ ●○

자음자	ㅇ	ㅈ	ㅊ	ㅋ	ㅌ	ㅍ	ㅎ
받침 글자	○○ ●● ●●	●○ ○○ ●○	○○ ●○ ●○	○○ ●● ●○	○○ ●○ ●●	○○ ●● ●●	○○ ○● ●●

③ 기본 모음자의 표기

ㅏ	ㅑ	ㅓ	ㅕ	ㅗ	ㅛ	ㅜ	ㅠ	ㅡ	ㅣ
●○	○●	○●	●○	●○	○●	●●	●●	○●	●○
●○	○●	●○	○●	○○	○○	○○	○○	●○	○●
○●	●○	●○	○●	●●	●●	●○	○●	○●	●○

> ### 🌸 수지쌤의 친절한 TIP
>
> 기본 모음자 10개 이외의 모음 중 'ㅐ, ㅔ, ㅖ, ㅘ, ㅚ, ㅝ, ㅢ'는 점자 한 칸으로 표기하고, 'ㅒ, ㅙ, ㅞ, ㅟ'는 점자 두 칸으로 표기합니다.
>
> | 새우 | ○○ | ●○ | ●● |
> |---|---|---|---|
> | | ○○ | ●● | ○○ |
> | | ○● | ●○ | ●○ |
>
> | 얘기 | ○● | ●○ | ○● | ●○ |
> |---|---|---|---|---|
> | | ○● | ●● | ○○ | ○● |
> | | ●○ | ●○ | ○○ | ●○ |

🖊 기출로 바로 체크

다음 수어와 점자에 대응하는 말을 쓰시오.

01

[　　　　] 2번 출제

02

○●	●●	●○
○○	○○	○○
○○	●○	○○

[　　　　] 1번 출제

정답 | **01** 자다 　 **02** 국

POINT 50 수어와 점자 **183**

II. 어문

애카스 KBS 한국어능력시험 최수지 어휘·어법 핵심노트

MEMO

해커스
KBS
한국어능력시험
최 수 지
어휘·어법
핵심노트

초판 2쇄 발행 2024년 7월 1일
초판 1쇄 발행 2022년 8월 22일

지은이	최수지
펴낸곳	㈜챔프스터디
펴낸이	챔프스터디 출판팀

주소	서울특별시 서초구 강남대로61길 23 ㈜챔프스터디
고객센터	02-537-5000
교재 관련 문의	publishing@hackers.com
동영상강의	pass.Hackers.com

ISBN	978-89-6965-301-7 (13710)
Serial Number	01-02-01

KBS 한국어능력시험 1위,
해커스자격증(pass.Hackers.com)

🏛 **해커스자격증**

· 최수지 선생님의 **본 교재 인강**(교재 내 할인쿠폰 수록)
· 출제포인트를 확인하는 **KBS 한국어능력시험 무료 핵심 요약강의**
· **무료 레벨 테스트/합격후기** 등 다양한 KBS 한국어능력시험 학습 콘텐츠

주간동아 선정 2022 올해의 교육 브랜드 파워 온·오프라인 KBS 한국어능력시험 부문 1위

해커스 단기 합격생이 말하는
KBS한국어 단기 완성 비법!

단기간에 취득하고자 하는 사람들에게 큰 도움이 될 것입니다.

타사의 강의와 비교하면서 해커스의 최수지 선생님 강의를 듣게 된 이유는 우선 강사님의 솔직함이 컸습니다. 문법을 정석적으로 알려주기보다는 버릴 건 버리자는 말씀과 함께 **최대한 효율적으로 수강생들에게 전달**하려는 모습을 보고…(중략) 특히 교재와 함께 진행되는 강의 과정이 커리큘럼에 맞춰 진행하다 보면 늘어난 실력을 확인할 수 있을 것이라 생각합니다.

김*산

해커스 자격증 듣고 KBS한국어 3+등급 합격했습니다.

2주끝장반 수강 신청할 때 교재를 꼭 함께 구매하는 게 좋습니다. 그리고 벼락치기라면 기출문제나 모의고사 하나 풀어보시고 자신에게 부족한 파트가 어디인지 파악하는 게 좋을 것 같습니다. 하지만 시험까지 시간이 많다면 1권 2권 순서를 맞춰 차분하게 수강하는 게 고득점에 훨씬 유리할 것입니다.

오*석

KBS한국어능력시험 2+등급 합격!

해커스 KBS한국어 2주끝장반 정말 구성도 좋고 내용도 알찬 패키지입니다. 꼭 들으세요! 일단 제 취약점인 맞춤법, 어휘 위주로 공부했어요! 가장 세세하기도 하고 외워야 할 것도 많아서 시간 투자할 가치가 많은 부분이라고 생각해요.

전*명

공부 전략 잘 짜서 도전한다면 노력 대비 효용이 매우 높은 시험

어휘, 어법, 국어문화 부분에 대부분의 공부 시간을 할애했습니다. 역시나 문제 많이 풀어보는 것도 중요할 것 같고, 자주 틀리는 부분이나 취약한 부분 위주로 따로 암기, 공부하시면 좋을 것 같습니다.

김*